Schöningh

EinFach
Französisch

La France occupée et la Résistance

Helga Bories-Sawala,
Catherine Szczesny et Rolf Sawala

Edité par
Dieter Ewald

Zu dieser Textausgabe ist eine Audio-CD mit ausgewählten Materialien erhältlich. Sie kann über den Buchhandel oder direkt beim Schöningh Verlag bezogen werden:

- La France occupée et la Résistance
  Audio-CD, Best.-Nr. 062412-1

www.schoeningh-schulbuch.de
Schöningh Verlag, Jühenplatz 1–3, 33098 Paderborn

Druck 5 4 3 / Jahr 2015 14 13
Die letzte Zahl bezeichnet das Jahr dieses Druckes.

Umschlaggestaltung: Jennifer Kirchhof
Druck und Bindung: westermann druck GmbH, Braunschweig

ISBN 978-3-14-046262-4

Table des matières

Folgende Materialien werden als Tondokumente auf der Audio-CD zur Verfügung gestellt:

Approches

Bremer Nachrichten
SONNABEND 10. MÄRZ 2007
WESER-ZEITUNG · DIE NORDDEUTSCHE
EINZELPREIS 1,20 €

Et l'histoire
Celle écrite avec le gaz
Cette histoire est notre testament

Und die Geschichte
Die Geschichte der Gaskammern
Diese Geschichte ist unser Vermächtnis
André Migdal

André Migdal

geboren 1924 in Paris

mit sechzehn Jahren wegen kommunistischen Widerstands gegen die deutsche Besatzung in Frankreich verhaftet

1944 in das KZ Neuengamme deportiert

überlebte die Zwangsarbeit im Außenkommando „Hornisse" in Bremen-Gröpelingen und beim Bau des U-Boot-Bunkers „Valentin" in Bremen-Farge, während der größte Teil seiner Familie als Juden in den Vernichtungslagern ermordet wurde

starb am 20. Februar in Paris

Antje Ahrends
Rolf-Dieter von Bargen
Jutta Bartling
Marlies Backhus
Wulf Böcker
Helga Bories-Sawala und
Rolf Sawala
Karl-Ludwig Brühl
Helmut Donat
Karsten und Karin Ellebrecht
Raimund Gaebelein
Bärbel Gemmeke
Manfred Haneberg
Eike Hemmer
Ilse Henneberg
Katharina Hoffmann

Gabriele Jannowitz-Heumann
Barbara Johr
Gerd und Dietlinde Meyer
Eleonore Meyerhoff
Robert Milbradt
Sabine und Manfred Ott
Wilhelm Rösing
Rolf Rübsam
Klaus Sassmannshausen
Rita und Gerhard Scharnhorst
Michael Scherer
Liesel und Wolfgang Schenck
Henning und Luise Scherf
Annemarie Strümpfler
Klaus Volland
Julia Werner
Herbert Wulfekuhl

Im Namen aller Freundinnen und Freunde aus Bremen,
der vielen Studierenden, Schülerinnen und Schüler,
denen er als Zeitzeuge Hoffnung auf eine Zukunft ohne Krieg und Hass vermittelte

Il faut avoir été déporté
Pour tout croire possible
Tout sauf l'oubli

Nur wer die Deportation selbst erlebt hat
Hält alles für möglich
Alles, aber nicht: zu vergessen
André Migdal

André Migdal

(1924–2007)

Vergessen konnte er nicht: die jahrelange Haft in den Gefängnissen des Vichy-Regimes wegen Widerstands gegen die deutsche Besatzung, die Deportation nach Neuengamme, die Sklavenarbeit in den bremischen KZ-Außenkommandos Valentin und Hornisse, die vielen Kameraden, die er dort und auf den bombardierten Schiffen in der Lübecker Bucht sterben sah.

Vergessen werden wir ihn nicht: André Migdal, der es auf sich nahm, immer wieder an diese Stätten brutalster Verbrechen zurückzukehren, um Zeugnis abzulegen, der noch bis Tage vor seinem plötzlichen Tod mit bremischen Studierenden über das Geschehene gesprochen, der so oft die Fragen von Schülerinnen und Schülern beantwortet hat, und der nicht müde wurde, ihnen zugleich Mut zu machen, für eine Zukunft ohne Hass und Krieg aktiv einzustehen.

Nie wieder werden wir ihn in Bremen zu Gast haben.

Aber seine Erinnerungen werden unter uns lebendig bleiben.

Archiv Blumen für Farge
Bremische Stiftung für Rüstungskonversion und Friedensforschung
Dokumentations- und Gedenkstätte Sandbostel e.V.
Erinnern für die Zukunft e.V.
Geschichtsgruppe Stahlwerke Bremen
Internationale Friedensschule im Bürgerhaus Vegesack
Kollegium des Schulzentrums Blumenthal
Landesverband Bremen Sinti-Roma-Verein e.V.
Landeszentrale für politische Bildung Bremen
Lidice-Haus Jugendbildungsstätte Bremen
Verein Walerjan Wróbel
VVN-BdA Bremen

Deux annonces de décès dans la presse régionale

Pierre, en visite à Brême chez son correspondant Jan, survole le quotidien régional du 10 mars 2007 et tombe sur deux annonces de décès portant le même nom à connotation française: André Migdal.

Pourquoi dans ce journal brêmois? Quels évènements liaient ce Français avec Brême pour justifier à son décès la parution d'annonces dans la presse régionale? Jan l'ignore.

Les annonces contiennent des noms de lieux: Sandbostel, Farge, Neuengamme, Gröpelingen, tous près de Brême, sinon à Brême même!

La première annonce cite une longue liste de personnalités, dont Jan en reconnaît quelques-unes pour avoir souvent lu leurs noms dans le journal. La deuxième annonce cite des institutions et associations.

André Migdal avait beaucoup d'amis à Brême!

I. Un matin en lisant le journal ...

1. Une première piste

La curiosité ne les lâche plus. Ils feuillettent un peu plus attentivement le journal et trouvent une première piste dans l'article de Jürgen Theiner qui mène directement à l'occupation de la France par les troupes du régime national-socialiste allemand et la déportation de détenus politiques français vers l'Allemagne, où ils servent de main-d'œuvre dans des conditions inhumaines.

Als Sklave der Nazis in Farge

Der ehemalige Zwangsarbeiter André Migdal ist im Alter von 82 Jahren gestorben

BREMEN-NORD. Häftling 30655 hat seine Peiniger überlebt. Sechs Jahrzehnte eines erfüllten Daseins waren dem einstigen KZ-Insassen und Zwangsarbeiter am Farger Valentinsbunker noch beschieden, nachdem er sein Martyrium unter den Nazis überstanden hatte. Jetzt, im Alter von 82 Jahren, ist André Migdal in Paris gestorben.

Um den engagierten Demokraten trauern viele Bremer, denen Migdal mit seinem Eintreten für die Völkerverständigung als Vorbild galt. Die im Gustav-Heinemann-Bürgerhaus ansässige Internationale Friedensschule hatte sein Wirken im Jahr 2000 mit dem Franco-Paselli-Friedenspreis gewürdigt.

André Migdal war erst 14 Jahre alt, als Nazi-Deutschland 1939 den Zweiten Weltkrieg vom Zaun brach. Ein Jahr später, nach der deutschen Besetzung Frankreichs, begeht der junge Tischlerlehrling erste Sabotageaktionen beim Bau von Flugpisten. Im Januar 1941 wird seine Gruppe verraten. Er landet in Lagern, später wird er nach Deutschland verlegt, zunächst ins KZ Neuengamme bei Hamburg. Nächste Station ist Farge. Dort lässt die Marine für den längst verlorenen U-Boot-Krieg einen gewaltigen Bunker aus dem Boden stampfen. Die Lebenserwartung der dabei eingesetzten Zwangsarbeiter beträgt nur wenige Monate.

André Migdal hält durch. Er übersteht im Frühjahr 1945 auch den Todesmarsch der evakuierten Häftlinge nach Lübeck und Luftangriffe der Alliierten. Nicht einmal 30 Kilo wiegt Migdal noch, als die Schinderei vorüber ist.

André Migdal hatte also allen Grund zu ewigem Groll auf die Deutschen. Aber er war aufgeschlossen genug, auch ihr anderes Gesicht kennenzulernen. 1983 machte er bei der Einweihung eines Mahnmals am Bunker Valentin Bekanntschaft mit den Aktivisten der späteren Internationalen Friedensschule, unter ihnen Gerd Meyer. „Er war ein freundlicher Mensch, ganz ohne Hass", erinnert sich Meyer an die erste Begegnung, der viele weitere folgen sollten. Denn Migdal kam nun immer wieder nach Bremen, wirkte mit am großen Projekt des Erinnerns an die Schrecken der NS-Zeit. So nahm er beispielsweise Einladungen von Schulklassen an und berichtete von seinen Leidensjahren in Bremen. Migdal trat auch schriftstellerisch hervor, er lieferte gemeinsam mit dem Holländer Klaas Touber die literarische Grundlage für das musikalisch-szenische Konzert „Cantate pour la vie".

In memoriam André Migdal wird es voraussichtlich im September eine Veranstaltung im Farger Bunker geben. Wahrscheinlich in Form einer Lesung, zu der auch die wenigen noch lebenden Zeitzeugen eingeladen werden sollen. An eine Begleit-Ausstellung im Bürgerhaus ist ebenfalls gedacht.

Jürgen Theiner, in: Bremer Nachrichten v. 10. März 2007, S.4

2. Déporté à Neuengamme

Le camp de **Neuengamme** est situé au sud-est de Hambourg. Fondé en 1938, il sert de camp de travail à partir de 1940 avec de nombreuses annexes.

La professeur de français de Jan connaît bien André Migdal: elle a fait sa connaissance au cours de l'un de ses nombreux séjours à Brême. Elle sort un livre de sa bibliothèque et le leur donne en attirant leur attention sur le chapitre *Déporté à Neuengamme* écrit par André Migdal en 2004.

André Migdal, Déporté à Neuengamme

Un adolescent comme les autres

Je suis le sixième d'une famille de onze enfants. En 1939, quand la guerre éclate, j'ai quatorze ans. Je viens de passer mon certificat d'études, et je suis apprenti chez un ébéniste. Nous habitons à Paris, au 72, rue Claude-Decaen, dans des logements sociaux construits après la guerre de 14/18 pour accueillir des familles françaises modestes. Depuis que Hitler est au pouvoir en Allemagne, nous voyons arriver des opposants au régime et des familles juives. Ils viennent s'installer en France pour fuir les persécutions nazies qui ont commencé

le certificat d'études *Volksschulabschluss*
l'ébéniste artisan menuisier

modeste (f, m) pauvre

juif, juive *jüdisch*
la persécution *Verfolgung*

dans les premiers pays occupés par l'Allemagne. Mon père, Juif d'origine polonaise, a lui aussi quitté son pays, mais beaucoup plus tôt, vers 1904, à l'âge de quatre ans. Car, bien avant l'arrivée des nazis, les Polonais organisaient déjà des «pogroms» à l'encontre des Juifs: villages incendiés, magasins dévastés [...] Pour nous, la France représente le pays des droits de l'Homme, nous nous y sentons en sécurité. Mes parents ne pratiquent pas la religion juive, et ils ne nous l'ont jamais enseignée. Je ne me sens pas différent des autres. Je me considère comme un adolescent normal.

dévasté,e détruit
les droits de l'Homme *Menschenrechte*

Plus de pain, de beurre, de viande

A partir de 1940, avec l'occupation allemande, notre vie quotidienne change de jour en jour. Plus de pain, de beurre, de viande. Tout part en Allemagne. On n'a pas le droit de sortir la nuit, les journaux sont censurés. La police française poursuit les résistants et les Juifs. Les partis politiques, les syndicats et les mouvements de jeunes de gauche ont été interdits. [...] Le gouvernement français du maréchal Pétain collabore avec l'ennemi, et vote les premières lois anti-juives: obligation de monter dans le dernier wagon du métro, exclusion des cinémas et des squares publics, interdiction d'exercer un métier sur la voie publique, etc. Mon père, marchand des quatre saisons, doit abandonner son activité. En cachette, à la maison, il redevient tailleur, son tout premier métier.

le maréchal Philippe Pétain (1856–1951), ancient combattant médaillé de 1914–18. En 1940 président à Vichy de la zone non-occupée. Partisan de la collaboration. Condamné à mort à la libération, puis gracié.

le square public *öffentliche Parkanlage*
le marchand des quatre saisons vend ses fruits et légumes frais dans la rue
en cachette en se cachant
le tailleur *Schneider*
cramer (fam.) brûler

On crame les moteurs

Vivre dans un pays occupé, sous la domination d'une armée qui vous prend tout et vous empêche de vivre normalement, c'est impossible à accepter quand on a seize ans. Mes frères et moi, sans même se demander si l'on est juifs ou pas, on n'a aucune envie de s'écraser. Nous sommes embauchés comme manœuvres dans une entreprise de travaux publics, pour construire et agrandir les pistes d'atterrissage du terrain d'aviation de Villacoublay, près de Paris.

Cela revient un peu à travailler pour les Allemands, puisqu'ils ont déjà mis la main sur toutes les ressources du pays. Ils sont en guerre partout en Europe, et cela leur coûte cher! Sans nous concerter, nous faisons nos premiers sabotages. [...]

Je pique des morceaux de sucre, denrée rare, pour les glisser dans les réservoirs à essence des side-cars ou dans les moteurs des camions allemands. Au démarrage, ça sent le caramel et après, tout crame. Avec un groupe de camarades de la rue Claude-Decaen, je passe le reste du temps à peindre des slogans dans les couloirs du métro et sur les murs de Paris ou à

s'écraser (fam.) se taire
embaucher employer
le manœuvre *Hilfsarbeiter*
la piste d'atterrissage *Landebahn*

se concerter *sich absprechen*
piquer (fam.) voler
la denrée aliment
le démarrage *Anlassen (des Motors)*

distribuer des tracts antinazis ou contre Pétain. Sans doute inconscient des risques encourus, je n'ai jamais eu peur.

En prison comme un voleur

Jusqu'au jour où notre groupe est dénoncé. La police française vient nous chercher, mes deux frères et moi, le dimanche 24 janvier 1941, à 6 heures du matin, chez nos parents. Mes frères, majeurs, sont emmenés à la prison de la Santé, et moi à Fresnes, avec trois autres mineurs de notre groupe. Là, le choc est rude: on me jette dans une cellule avec cinq prisonniers de droit commun, dont un voleur de charbon, un proxénète et un gars qui a tué sa sœur. C'est infamant: je ne suis ni un bandit ni un assassin! [...]

Le 30 mai 1941, nous sommes condamnés par des juges français pour «reconstitution de mouvement politique». J'écope de six mois d'«emprisonnement cellulaire», alors que d'autres camarades, plus impliqués dans l'activité clandestine, du moins aux yeux des magistrats, sont condamnés à quinze ans de travaux forcés.

C'est ce jour-là que j'ai vu mes deux frères pour la dernière fois. Je saurai plus tard que, le 6 juillet 1942, ils ont été déportés et exterminés au camp d'Auschwitz, en Pologne. [...]

Comme je n'ai pas encore l'âge légal pour effectuer ma peine, les policiers me renvoient chez moi à la sortie de prison, en me précisant bien qu'au jour de mes dix-huit ans ils viendront me rechercher. «Et si l'on ne te trouve pas, c'est toute ta famille qu'on embarquera», ajoutent-ils.

Pour aider mes parents à vivre, je reprends les petits boulots. Bien sûr, je ne peux pas mettre ma famille en danger, mais je ne peux pas m'empêcher de recommencer mes sabotages. Dans les entrepôts de Bercy, où je suis manœuvre, j'essaie de bousiller les marchandises qui partent en Allemagne.

Les camps en France

Le 24 septembre 1942, j'ai dix-huit ans et trois mois. Comme prévu, la police vient me chercher, pour me conduire au camp de Pithiviers, dans le Loiret, où sont enfermés les «suspects à la sûreté de l'État». Nous sommes près de 2 000. Ce camp, entouré de barbelés, vient de se «vider» des Juifs qui étaient emprisonnés. La police française les a envoyés au camp de Drancy, au nord de Paris, la plaque tournante de la déportation pour les Juifs de France. Depuis peu, en effet, rafles et arrestations se multiplient. [...]

le tract *Flugblatt*

majeur,e *volljährig*
la Santé, Fresnes prisons parisiennes
mineur,e *minderjährig*
le prisonnier de droit commun *hier: Verbrecher*
le proxénète *Zuhälter*
le gars (fam.) homme
infamant,e honteux
condamné,e *verurteilt*
écoper (fam.) recevoir une peine
impliqué,e *impliziert*
le magistrat l'homme de droit, le juge
les travaux forcés *Zwangsarbeit*

exterminer *vernichten*
effectuer une peine *eine Strafe verbüßen*

embarquer (ici fam.) emmener
le boulot (fam.) travail

l'entrepôt (m) *Lager*
bousiller (fam.) détruire, saboter

Pithiviers commune du Loiret, à 50 km au sud de Paris.

les barbelés *Stacheldraht*

Drancy commune de la banlieue Nord de Paris. Camp principal de transfert vers les camps de la mort dans l'Est.

la plaque tournante le centre

Parce que André refuse de travailler pour l'occupant, le commandant du camp le livre aux Allemands. Il passe plus de dix-huit mois dans des camps en France. En mai 1944 on l'enferme avec une centaine d'autres détenus dans un wagon à bestiaux, destination Neuengamme.

le détenu prisonnier
le wagon à bestiaux *Viehwaggon*

Destination Neuengamme

Ce voyage restera pour moi, comme pour tous les déportés, je crois, le commencement de l'horreur. Quatre jours et quatre nuits à se relayer pour s'asseoir, faute de place pour tous. En guise de toilettes, un petit tonneau près de la porte. On a terriblement soif. La promiscuité et les odeurs rendent l'épreuve encore plus dure. On ne sait pas où l'on va, ni quelle heure il est. Petit à petit, tous nos repères s'envolent. Pourtant, je sens la révolte grandir en moi. Dans la gare de Weimar-Buchenwald, à l'arrêt du train, des enfants nous insultent et nous jettent des pierres. [...] Au bout de quatre jours et quatre nuits interminables, le train arrive au terminus: Neuengamme, le plus grand camp de concentration de l'Allemagne du Nord.

se relayer *sich ablösen*
en guise de *als*
la promiscuité *Enge*
l'épreuve (f) *Prüfung*
le repère *Anhaltspunkt*
le terminus *Endstation*

De Neuengamme à Farge

Nous descendons des wagons sous les hurlements des SS et les aboiements des chiens. Situé à une trentaine de kilomètres de Hambourg, le camp est installé dans une ancienne briqueterie industrielle. [...] Dans cet espace quadrillé à perte de vue, de 100 000 à 120 000 personnes, de 28 nationalités différentes, travaillent, entre autres, pour l'armement allemand. Les miradors, les baraques alignées, tout cela m'est déjà familier. Ce qui l'est moins, ce sont ces crânes rasés, ces vestes rayées, ces hommes en guenilles d'une maigreur effroyable. Ici, les déportés n'ont plus figure humaine.

Au loin, on voit une fumée sortir d'une grande cheminée. Un détenu me confie que c'est le four crématoire, l'endroit où l'on brûle les cadavres. Car ici, beaucoup de gens meurent rapidement, et il faut faire disparaître les corps. [...]

On nous envoie à la douche. Des kapos, nos gardiens, le plus souvent sélectionnés parmi les voleurs ou les assassins, nous tondent de la tête aux pieds, sans oublier le moindre détail de notre anatomie. On reçoit une petite cuvette émaillée pour la soupe, une veste et un pantalon rayés, et des chaussures à semelles de bois. Puis il faut s'accrocher au cou un matricule: une petite plaque en fer blanc avec un numéro à apprendre par cœur pour réagir à chaque appel. Sinon, c'est la bastonnade. Je deviens le 30 655. On nous conduit au «bloc de quarantaine», une baraque isolée, destinée à s'assurer que nous

le hurlement *Gebrüll*
l'aboiement *Hundegebell*
la briqueterie *Ziegelei*
le crâne *Schädel*
le kapo prisonnier avec des fonctions de sous-chef
tondre *rasieren*
la cuvette *Schüssel*
raye,e *gestreift*
la semelle *Sohle*
le matricule *Nummer*
la plaque *Schild*
la bastonnade coups de bâton

ne sommes pas porteurs de maladies contagieuses. Je n'y reste que quatre jours, car le commandant a besoin d'esclaves pour construire une gigantesque base sous-marine à Brême, à 80 kilomètres de Neuengamme.

Avec d'autres détenus affectés à ce travail, nous partons à Brême-Farge, un camp satellite de Neuengamme. Là, près de 3000 déportés de toutes nationalités sont confinés dans un «bunker», une sorte de cuve en béton souterraine. Comme il n'y a pas assez de place pour tous, les Allemands ont établi des équipes de jour et des équipes de nuit. Pendant que les uns dorment, les autres travaillent. [...] Les repas consistent en une simple soupe au goût d'eau de vaisselle. Il faut aussi lutter contre la maladie et le froid. Il paraît qu'ici l'espérance de vie ne dépasse pas les trois mois. Tous les jours, des camarades meurent autour de moi.

A quatre heures du matin, après avoir avalé un jus noirâtre, il faut se soumettre à l'appel, en rangs, sans bouger, pendant des heures, quel que soit le temps. Après, on va à pied à la base sous-marine, à 3 kilomètres de là. Une base grande comme trois terrains de football. On nous fait transporter des sacs de ciment ou de sable et des arceaux de ferraille énormes, sous les cris et les coups des kapos. [...]

Le 6 juin 1944, fous de joie, nous apprenons le succès du débarquement des Alliés en Normandie. [...] Naïvement, nous

contagieux,se *ansteckend*

la base sous-marine *U-Boot-Basis*

affecté,e *zugewiesen*

confiné,e enfermé à l'étroit

la cuve *Kessel*

souterrain,e sous la terre

établi,e *eingerichtet*

consister en *bestehen aus*

l'espérance de vie *Lebenserwartung*

avaler *hinunterschlucken*

noirâtre (f, m) *schwärzlich*

se soumettre *sich unterziehen*

l'arceau de ferraille (m) *gebogener Eisenträger*

le débarquement *Landung*

le calvaire *Kreuzweg*
exaspéré,e *aufs Äußerste gereizt*
hurler *brüllen*
épuisant,e très fatigant, éreintant
hargneux,se méchant,e
le pissenlit *Löwenzahn*
tromper la faim couper la faim
se blottir *sich an jdn. schmiegen*
broyé,e douloureux de fatigue
aux abords près de
le bourg gros village
la fosse *Grube*
la décomposition *Verwesung*
s'entasser *sich türmen*
le désarroi *Verzweiflung*
le cauchemar *Alptraum*

pensons voir arriver la fin de notre calvaire sans savoir qu'il va encore durer un an. Exaspérés par notre joie, le soir même, des SS et des kapos emmènent dix-sept de nos jeunes camarades. Nous les entendons hurler toute la nuit. [...]
En janvier 1945, je suis transféré à Brême-Riespott, un autre camp de 800 à 1000 déportés, où l'on travaille pour une autre base sous-marine. [...] Comme à Brême-Farge, le travail est épuisant et dangereux. [...]

Le trou de la honte

Le Vendredi saint, avant Pâques, nous entendons des bombardements. Enfin les Alliés? [...] Les SS et les kapos deviennent de plus en plus hargneux et nerveux. Ils nous réunissent sur la place d'appel à tout moment, nous donnant ordres et contre-ordres. Aujourd'hui, l'ordre est le suivant: «Ceux qui peuvent marcher, de ce côté, ceux qui ne peuvent pas, de l'autre.» Marcher? En suis-je capable? Et pour aller où? Mais ne pas marcher, ça signifie monter dans les wagons qui nous attendent tout près. Avec une sorte de pressentiment, je me range du côté des marcheurs. Nous quittons le camp de Riespott un jour d'avril 1945. Commence alors une marche interminable, avec des champs d'herbe humide pour dortoirs, des pissenlits pour tromper la faim. La nuit, on se blottit les uns contre les autres, pour partager le peu de chaleur qui nous reste. Au petit matin, il faut repartir, pieds et jambes broyés. J'avance mécaniquement. Parfois, le claquement d'un revolver brise le silence, à l'arrière du troupeau. Les nazis fusillent ceux qui sont trop faibles pour marcher. [...] Un jour tombe du ciel une pluie de tracts signés Churchill, Staline, Roosevelt, les chefs alliés. Ils invitent les armées et les population à cesser les combats. Une force nouvelle circule dans mes veines. Nous arrivons aux abords d'un gros bourg, où stationne un train. On nous fait creuser une fosse. Les wagons offrent un spectacle effroyable: des corps en décomposition s'entassent les uns sur les autres. Ce sont nos camarades de Riespott! Moi, j'ai choisi de marcher, je suis vivant; eux, il faut les jeter comme des bêtes dans ce trou. Jusque-là, j'ai traversé ces années d'emprisonnement et de déportation avec la fierté d'avoir toujours gardé ma dignité d'homme. Jamais je n'ai trahi un camarade. J'ai partagé tout ce que je pouvais, moralement et physiquement. Je suis jeune, ce qui m'a sans doute aidé à me battre. Là, le désarroi, la révolte, l'impuissance m'envahissent. [...] Toute ma vie, ce «trou de la honte» reviendra dans mes cauchemars. [...]

Jetés dans des bateaux

Le lendemain, les SS nous imposent deux heures de marche, et de nouveau les wagons à bestiaux. Le train s'arrête le long d'un quai où se dressent des grues et où s'alignent des bateaux. Nous arrivons à Lübeck, un grand port sur la mer Baltique. Une information circule de bouche à oreille: Hitler s'est suicidé! Nous sommes peut-être 10000 déportés, de toutes nationalités. Les SS nous entassent dans les cabines et les cales d'un paquebot, le *Cap Arcona*, et dans deux autres bateaux, le *Thielbeck* et l'*Athen*. Un quatrième bateau, le *Deutschland*, reste ancré à proximité des autres avec son équipage. Quel voyage se prépare là? Les SS vont-ils nous saborder au large ou nous transporter ailleurs? J'apprendrai plus tard que Himmler, le troisième personnage du régime nazi, a donné ordre de faire disparaître tous les déportés et toute trace des camps avant l'arrivée des Alliés. Les avions de la Royal Air Force survolent déjà les lieux. [...]

imposer obliger à faire qc
la grue *hier: Kran*
s'aligner *aufgereiht sein*
la cale *Laderaum*
saborder couler
au large en pleine mer

Avec 2000 autres détenus, André est enfermé dans la cale du cargo *Athen*.

Les Anglais nous bombardent!

Plongé dans l'obscurité de la cale, j'entends le vrombissement d'un avion, puis les tirs de la défense anti-aérienne de l'*Athen*. L'avion s'éloigne. Peu de temps après, une explosion sourde. Le bateau se met à tanguer. Il faut que je sorte de ce trou! Avec l'énergie du désespoir, j'arrive à me hisser, grâce à une échelle, jusqu'à une trappe qui donne sur le pont du bateau. [...] Ce sont des avions anglais qui nous bombardent! Sans réfléchir, je saisis une corde et me laisse glisser dans l'eau. Elle est glacée. Heureusement, je ne suis qu'à quelques mètres du ponton, où d'autres déportés se sauvent. Après quelques brasses, je sors, épuisé et grelottant. Je reste hagard à la vue d'un tank anglais, tourelle ouverte, et d'un soldat qui nous indique une direction à suivre. Ce jour atroce, c'était le 3 mai 1945. [...]

le tir *Schuss*
la défense anti-aérienne *Luftabwehr*
tanguer balancer
hisser élever, tirer vers le haut
la trappe *Falltür*
les brasses *Schwimmzüge*
grelottant tremblant
hagard,e sous le choc

Entre 8000 et 10000 déportés trouvent la mort dans la tragédie de la baie de Lubeck, à cinq jours de la fin de la guerre. On ignore jusqu'à ce jour la raison de ce bombardement anglais.

Le lendemain, des soldats anglais m'emmènent à l'hôpital. Une infirmière me prend dans ses bras comme un paquet fragile. Je pèse moins de 30 kg. Elle me lave avec précaution, comme pour ne pas me casser, puis m'asperge d'insecticide. [...]

asperger *übergießen*

Par peur des épidémies, les Anglais ont mis l'hôpital en quarantaine, mais pour André, l'enfermement a assez duré. Il veut au plus vite rentrer chez lui. Il réussit à s'évader de l'hôpital et à se joindre à un groupe de prisonniers de guerre français.

C'est toi, l'oncle Dédé?

J'ai hâte de retrouver Paris, mais j'appréhende le retour: que reste-t-il de ma famille? Mes petits frères et sœurs ont-ils été épargnés? À la gare, des femmes-soldats m'attendent pour m'emmener à l'hôtel Lutétia, où l'on enregistre tous les déportés de retour. Je leur demande de s'arrêter devant chez moi, rue Claude-Decaen. La porte du 72 est toujours du même vert pisseux. Tout tremblant, j'entre dans l'appartement de ma sœur Nénette, qui habite là, elle aussi. Sous la table de la cuisine, deux têtes blondes: ses enfants, que je n'ai jamais vus. «C'est toi, l'oncle Dédé?» Nous nous précipitons dans les bras les uns des autres, en larmes. Nénette me raconte l'arrestation de mes parents, elle-même y a échappé de peu. Henri et Robert ne reviendront pas non plus. Ma sœur Marcelle est veuve de guerre, à vingt-quatre ans. Charles, mon frère aîné, est toujours en vie, mes petits frères et sœurs aussi, car ils ont été cachés dans des orphelinats ou dans des familles. [...] Au bout de quelques mois, et après plusieurs séjours à l'hôpital, je me réinstalle enfin à la rue Decaen avec le reste des miens. Peu à peu, nous parvenons à reformer une cellule familiale.

Avant la guerre, avec mes parents et mes frères, on militait dans un mouvement social issu du Front populaire. Il y avait des gens du quartier, dont un couple avec une petite fille, Jeannine, qui me paraissait très jeune: elle avait six ans de moins que moi. À 14–15 ans, ça compte. À mon retour de déportation, je la retrouve, et j'apprends que son père et son grand-père ont été fusillés en 1942. Elle est devenue un beau brin de fille.

Ensemble, nous nous inscrivons aux «Jeunesses républicaines de France». Il nous faut peu de temps pour comprendre que nous avons bien d'autres choses à partager. Le 3 janvier 1948, nous nous marions ... [...] Toute ma vie, je témoignerai, autour de moi et auprès des jeunes, dans les collèges et les lycées. Au nom de tous mes camarades disparus, et pour qu'une telle horreur ne se reproduise pas.

André Migdal (2004), Déporté à Neuengamme, dans: Véronique Guillaud, J'ai vécu les camps de concentration, Les dossiers OKAPI, © Bayard Éditions Jeunesse, Paris 2004, pp. 54–75 (extraits)

avoir hâte être pressé
appréhender *fürchten*
épargné,e sauvé,e
vert pisseux (fam.) *schmutziges Grün*
échapper de peu *knapp entkommen*
l'orphelinat (m) *Waisenhaus*
le Front populaire voir p. 51
un beau brin de fille (fam.) une belle jeune fille
témoigner *Zeugnis ablegen*

3. Jeannine Migdal, née Rodde

Nous avons fait la connaissance de Jeannine à la fin du texte précédent: âgée de six ans de moins que André, ils étaient voisins avant son arrestation. Ils se retrouvent après la guerre et se marient en 1948.
Elle a 12 ans en 1942 quand elle assiste le 19 juin à l'arrestation par la police de Vichy de son père résistant. Ses grands-parents, chez qui elle vit, viennent d'être emprisonnés pour la même raison. Sa grand-mère sera libérée en octobre après l'exécution de son mari le 11 août au Mont Valérien. La date exacte d'exécution du père de Jeannine ne sera jamais connue.
L'extrait de texte qui suit relate les conditions d'arrestation du père. La fillette s'étonne de trouver vide la loge de concierge qu'elle partage avec ses grands-parents. Elle a grandi dans une famille de résistants et réagit instinctivement, malgré son jeune âge, au danger imminent en brûlant les documents compromettants cachés dans la loge. Son réflexe n'empêchera pas l'arrestation de son père qu'elle ne reverra plus.

«C'est ton père?»

Vide! La loge est cette fois tout à fait vide, songe Jeannine qui ressent très fort son impuissance, son isolement, sa vulnérabilité.
Seule, elle est vraiment seule dans ce milieu jusqu'alors sécurisant, mais qui, elle le devine, recèle encore des «papiers», des tracts, des documents recherchés par la police française et les Allemands et que ceux-ci – elle l'a entendu dire – appellent des «preuves».
Le mieux, pense Jeannine, est de brûler toutes ces «preuves» comme nous l'avons fait, grand-mère et moi, lors de la rafle des personnes juives du quartier. Heureusement, il y a moins de choses à faire disparaître dans la cheminée qu'elle ne le redoutait: une poignée de tracts, quelques affichettes écrites à la main et trois journaux mal imprimés. Tout flambe en peu de temps. […]

la vulnérabilité faiblesse, fragilité

sécurisant,e rassurant, tranquillisant

receler cacher

redouter craindre, avoir peur

Puis, elle attend son père. Soudain un policier pénètre dans la loge et se met à attendre lui aussi [...]
«J'avais compris que je servais d'appât humain,» relate Jeannine Rodde, «compris que mon père allait se faire prendre! Mentalement, je mettais au point un stratagème qui consistait à ne pas le reconnaître.
Au travers des rideaux de la porte vitrée, je vis sa silhouette se profiler. De son côté, il avait aperçu le policier. Il prit cependant le parti d'entrer – se doutant bien que dans la rue d'autres policiers étaient aux aguets et qu'une sortie précipitée attirerait immédiatement leurs soupçons. Il essayait de gagner du temps [...]
Il entra donc calmement dans la loge, sans me regarder, demandant simplement à quel étage habitait un locataire qu'il connaissait bien – et qui certainement l'aurait laissé pénétrer chez lui. Et moi, innocemment, j'ai indiqué l'étage. Mais notre petite comédie ne servit à rien [...] Le policier tira mon père par un bras et fermement le fit s'asseoir à mes côtés sur le canapé.
Nous ne nous regardions pas. L'air narquois, le policier m'interrogea: «C'est ton père?» Sans hésiter, je dis non.
Perdant son flegme, le policier fit lever mon père et fouilla ses vêtements. Dans la poche intérieure de sa veste, il trouva un revolver. Je compris qu'il n'y avait plus rien à espérer!
Mon père put s'asseoir à nouveau pour chercher ses papiers d'identité qu'il éparpilla d'un geste brusque sur la table placée devant nous. Pendant que le policier les examinait en ricanant – parce que tous ces papiers étaient falsifiés –, papa parvint furtivement à extraire de la poche arrière de son pantalon trois petits papiers roulés comme des cigarettes qu'il glissa sous les coussins du canapé. J'avais vu son geste [...]
Toute résistance s'avérant inutile – deux autres policiers s'étant postés devant la porte de la loge –, papa se laissa passer les menottes!»

Mary Cadras, Les enfants de la tourmente, Éditions Graphein, Fondation pour la mémoire de la déportation, Paris 1995, p. 102f.

prendre le parti de décider de

être aux aguets attendre sur ses gardes

narquois,e moqueur

éparpiller jeter largement, répandre

ricaner rire méchamment

furtivement en cachette

les menottes *Handschellen*

4. André Migdal: Cantate pour la vie

André Migdal a écrit la *Cantate pour la vie* à Bremerhaven dans la nuit du 13 au 14 mars 1992 après une visite sur les lieux de sa détention.

"Cantate pour la vie"

Un jour,
– Un jour déjà lointain –
– Un jour déjà si près –
– Un jour que la vie s'écroulait –
– Nous marchions sur le sable de la haine –
– Nous marchions sur le sable de la peine –

– Un jour –
– Un jour où le ciel était bas –
– La neige collait sur nos pas –

– Un jour –
– où nous allions nulle part –
– où l'homme était en retard –
– Nos yeux cernés de feu –
– rencontrés par hasard –

– Un jour –
– Un jour déjà lointain –
– Un jour déjà si près
– d'amour perdu –

– Un jour –
– à l'amour défendu –
– c'était peut-être un monde à part –
– Et si petit dans notre immensité

– Un monde sans vie –
Un monde sans pitié –
– Je me souviens de Tout –
– De ce jour qui n'est plus –

2/ ---/---

– De ce jour si lointain –
– Un fleuve de béton coulait –
– Un fleuve de sang jaillissait –
– Et des mains s'épuisaient –
– Ce jour s'appelait Brêmen-Farge
– Rêves brisés d'enfants sages –
– J'ai tant pleuré ce jour –
où j'étais de passage –
– au livre du voyage –
– appris de pages en pages –
– Avec des mots éclaboussant les murs –
– De noms et de visages –
– Ces noms qui s'imprimaient –
– ces noms faisant naufrage –
– ces murs du souvenir au bord de la Weser –
– ce béton assassin artisan de misère –
– quand la digue s'est rompue –
– quand le silence revint –
– Il ne restait qu'un grand désert –
– Dans ce jour déjà lointain –
– où l'Homme devait taire –
– La tragédie de son destin –

---/---

3/ ---/---

- Et puis le jour s'est levé -
- Et puis l'herbe repoussa -
- Le chemin de ce passé
- Redessinait notre voix -

- Faite pour ce chant nouveau d'espoir -
- Faite pour que le coeur s'épanouisse -

- Dans ce jour -
- Ce jour si près -
- Dans ce jour où la vie revenait -

- Près de ces marches de haine -
- Nos marches de la peine -
- Ce jour nouveau à Brême-Farge
- Ce jour enfin
- A Brême-Farge
- où la vie devenait sage -
- Ce jour à partager comme un message

Pour Helga
et Rolph.

Brême et
Bremerhaven
Le 13/14 Mars 1992

II. Occupation et collaboration

Chapitre 1: L'ordre nazi

1.1 De la «drôle de guerre» à l'armistice

l'armistice (m) fin des combats définitive à la suite d'un traité

La drôle de guerre

Le 1er septembre 1939, la Pologne est agressée par les troupes hitlériennes. Deux jours plus tard, la Grande-Bretagne et la France déclarent la guerre au Reich. Mais la guerre étant déclarée, on ne la fera pas. L'état-major français se confie entièrement à l'efficacité de la *«Ligne Maginot»*, puissante ligne de fortifications sur la frontière française de l'Est. On joue au ballon sur la Ligne Maginot, et pendant huit mois, c'est la *«drôle de guerre»* pour les Français, le «Sitzkrieg» pour les Allemands. Le général de Gaulle reconnaîtra plus tard dans ses mémoires, en parlant de cette période, que certains dirigeants français voulaient voir l'ennemi plutôt dans l'URSS que dans l'Allemagne nazie: *«Ils se souciaient des moyens de frapper la Russie […] beaucoup plus que de la façon de venir à bout du Reich»*.

Le 10 mai 1940 cependant, Hitler lance sa grande offensive à l'Ouest. Ses troupes envahissent la Hollande, la Belgique et le Luxembourg. Puis, le 14 mai, en évitant les fortifications de la Ligne Maginot, les chars allemands franchissent la frontière française, près de Sedan, dans les Ardennes. Pour l'armée française, c'est la *«débâcle»*, elle subit une défaite totale. Pour les nazis, c'est le *«Blitzkrieg»*, un fier succès militaire.

l'état-major (m) *Generalstab*
l'efficacité (f) *Effektivität*
la «Ligne Maginot» ligne de fortifications construite sur la frontière française de l'Est de 1927 à 1936, d'après les projets du ministre de la guerre André Maginot
la fortification ouvrage de défense militaire

Charles de Gaulle
(1890–1970), général et homme d'État français, chef de la Résistance à Londres. Président de 1959 à 1969.

le dirigeant celui qui commande, dirige, exerce le pouvoir; le chef
venir à bout de triompher de
envahir un pays entrer de force dans un pays
le char *Panzer*
subir éprouver
la défaite le contraire de la victoire

L'armistice

Le 9 juin, l'Italie de Mussolini déclare la guerre à la Grande-Bretagne et à la France. Quelques jours plus tard, le 14 juin, les Allemands entrent dans Paris. Le gouvernement français se réfugie à Bordeaux. Les troupes allemandes, après un mois d'offensive, occupent plus de la moitié du territoire français. Le 16 juin, le maréchal Pétain, fort de son autorité militaire de la victorieuse 1ère Guerre mondiale, est devenu à 84 ans chef du gouverne-

maréchal Pétain voir p. 10

ment. Il demande l'armistice et décide donc d'accepter la défaite, contre ceux qui réclament un cessez-le-feu. Une certaine différence …

L'armistice est signé le 22 juin. La France est coupée en deux zones:
- une zone occupée, directement sous contrôle allemand
- une zone dite *«libre»*, située au sud de la Loire, qui reste officiellement sous «l'autorité du gouvernement français mais dont la politique dépend entièrement de la volonté du *«Führer»*.

En violation de la convention d'armistice, l'Allemagne annexe l'Alsace et la Lorraine.

le cessez-le-feu arrêt des combats pour négociations

la violation d'une convention la rupture, le non-respect d'une convention
annexer un pays s'approprier un pays

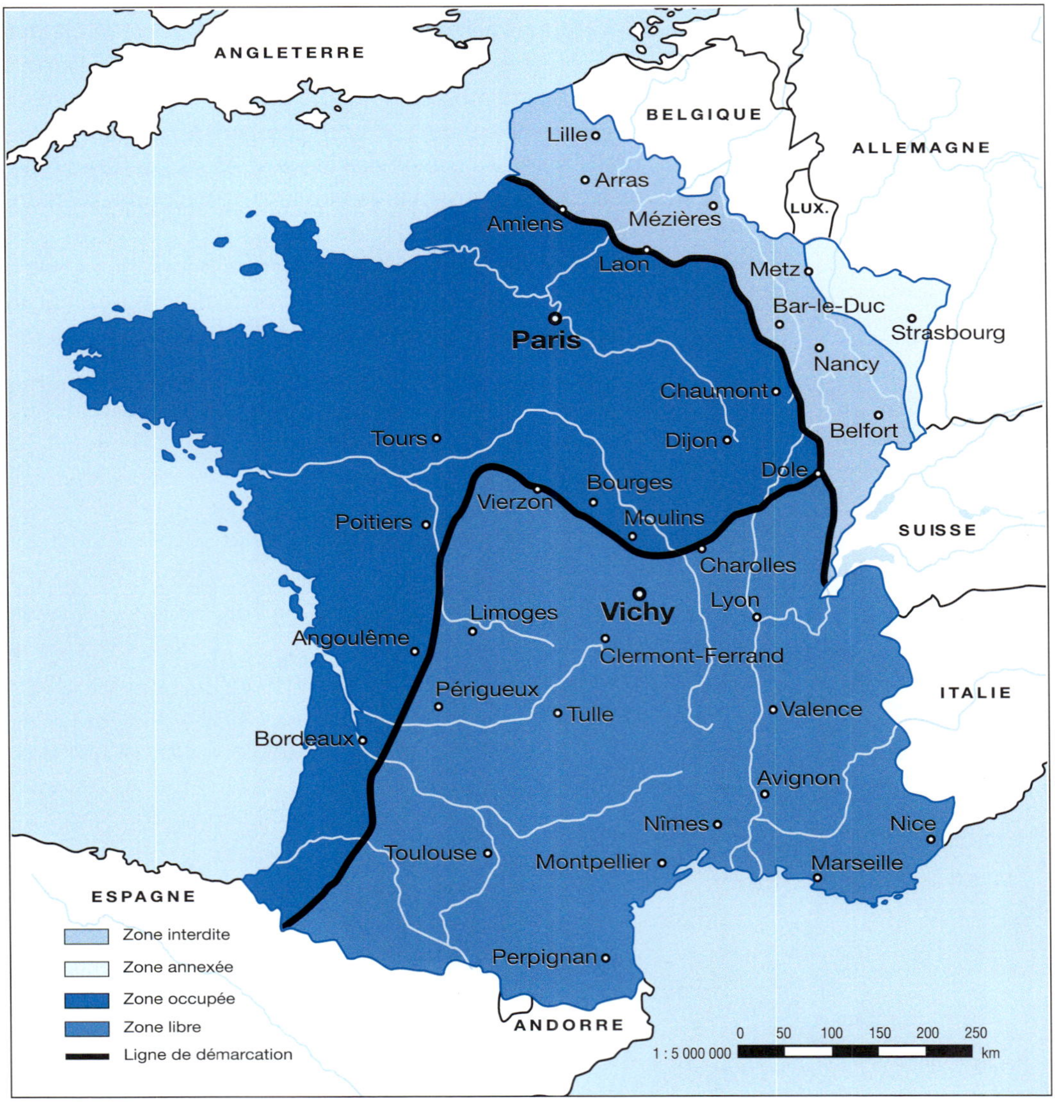

voter les pleins pouvoirs à qn céder tout le pouvoir à un chef politique

Puis, le gouvernement français s'installe à Vichy. Le Parlement vote à une forte majorité les pleins pouvoirs au maréchal Pétain et celui-ci proclame *«L'Etat Français»*. Le gouvernement de Vichy est prêt à collaborer avec Hitler: en octobre 1940, Pétain rencontre Hitler à Montoire. A la suite de cette rencontre, il appelle tous les Français à le suivre *«dans la voie de la collaboration»*.

1.2 L'exode

l'exode (m) émigration en masse d'un peuple; sens historique: on appelle ainsi la fuite en masse des Français devant l'avance de l'armée allemande durant l'été 1940
la brèche *Bresche*

la maîtrise ici: le contrôle, la domination militaire

Quand les troupes allemandes pénètrent en France, le 14 mai 1940, par la brèche qu'ils ont ouverte dans les Ardennes, l'armée française, après huit mois de *«drôle de guerre»*, n'y est pas préparée. Pour l'armée allemande, c'est maintenant le *«Blitzkrieg»*. Ses avions ont la maîtrise absolue de l'air, et le 25 mai déjà, les hitlériens sont à Calais, trois semaines plus tard, les colonnes allemandes défilent sur les Champs-Élysées.
Devant l'avance des troupes allemandes, la population civile a pris la fuite. En mai et en juin 1940, plus de 6 millions de Français sont sur les routes de l'exode, essayant d'échapper à la guerre.

La partie nord de la France se vide et à la débâcle militaire et politique s'ajoute le drame de ces millions de réfugiés. Le 17 juin 1940, à midi trente, le pays écoute l'allocution que prononce le maréchal Pétain, d'une voix cassée et tremblante: *«C'est le cœur serré que je vous dis aujourd'hui qu'il faut cesser le combat.»* La plupart sont d'abord soulagés: les réfugiés, épuisés de fatigue et dormant debout, les soldats, exaspérés par la débâcle face à la machine de guerre allemande, les habitants des villes encore libres qui ne savent pas où se réfugier: presque tous écoutent avec soulagement ces mots qui semblent annoncer la fin de la peur et des souffrances. Or, si le combat cesse, le cauchemar n'est pas, pour autant, terminé. Après l'armistice, signé le 22 juin, des centaines de milliers de Français, séparés des leurs durant leur fuite, essaient de se retrouver. Le gouvernement de Vichy, en accord avec les autorités d'occupation, organise tout l'été le retour des réfugiés en zone occupée. Après le flux de l'exode, la France connaît donc le reflux des réfugiés. Mais les villes et villages qu'ils vont regagner ne sont plus les mêmes: l'occupant s'y est installé.

le réfugié *Flüchtling*
l'allocution (f) discours adressé par une personnalité à un public
le cœur serré avec grande tristesse
cesser le combat terminer, arrêter le combat
être soulagé,e se sentir libéré d'une angoisse ou d'une inquiétude
exaspérer irriter à l'excès

la souffrance douleur
le cauchemar rêve, dominé par l'angoisse
pour autant pour cela
les leurs leur/s famille/s
la fuite *Flucht*

le flux ici: mouvement en masse

Les routes de l'exode

Une foule. Toute la France qui coule sur les routes. De jour et de nuit, une foule protégée par deux épaisseurs de matelas, couronnée de valises et de cages à oiseaux. Une foule qui n'a jamais fini de passer, toujours aussi épaisse, toujours renouvelée et qui abandonne dans les fossés ses voitures et ses morts. […] On se bat pour un litre d'essence. On achète un verre d'eau.

«Allez, sortez la monnaie! Dix sous le verre, deux francs la bouteille»!

On confie des enfants aimés à des inconnus en camion.

«Prenez-le, prenez-le. – Je m'appelle […]»

Ils ne sauront jamais comment s'appelle l'inconnu charitable et, quelques jours plus tard, les journaux de Bordeaux, de Lyon, de Marseille, de tous ces terminus de l'exode, feront leur plein de dramatiques petites annonces.

«Mme Gentil, Hôtel Mercier, à Montmorillon (Vienne), demande nouvelles de ses filles Camille et Ghislaine laissées à Evreux le 10 juin.». «Recherchons Marie-José Philippe, 6 ans, perdue Bourges 16 juin. Ecrire […]». «Mme Cissé, réfugiée à Loupiac-de-Cadillac, recherche ses trois enfants: Hélène, Simone et Jean perdus à Saint-Pierre-des-Corps le 15 juin.» […]

l'épaisseur (f) *hier: Schicht*
le matelas *Matratze*

couronné,e dominé

épais,se *dicht*
abandonner laisser
le fossé *Graben*

charitable prêt à aider

le terminus point d'arrivée
faire le plein ici: être rempli

la nouvelle signe de vie

le déchirement la peine
se hâter se dépêcher
désireux de voulant
rattraper reprendre
assiéger *belagern*
refluer se retirer, retourner
à l'aube au petit matin
emprunter une rue prendre une rue
le papier gras papier sale
la paille *Stroh*
le pneu *Autoreifen*
éclater exploser
se précipiter aller très vite
faire piquer ici: donner la mort avec une piqûre
déferler avancer comme une vague
intéressé,e concerné
le chariot petite voiture tirée à la main ou par un cheval
infirme malade
l'avoine (f) nourriture pour les chevaux (*Hafer*)
le cantonnement logement (*Unterkunft*)
les vivres (m pl) nourriture

A la Porte d'Italie à Paris, des familles de piétons font de l'auto-stop, se séparent avec déchirement, se donnent des rendez-vous que le hasard et parfois la mort se chargeront d'annuler.
«À *la gare de Fontainebleau. C'est ça. Demain soir ou après-demain matin.*» [...] Les gens se hâtent. Désireux de rattraper leur retard, ils s'éloignent sans savoir vers quel toit.
«On part [...] on ne sait pas très bien où [...] On verra bien [...] En tout cas, ils ne nous auront pas.»
Des milliers de Parisiens assiègent la gare d'Austerlitz, refluent jusque dans le métro où ils couchent, dans l'espoir de trouver, à l'aube, une place vers le sud dans un wagon de marchandises. Dans les rues qu'emprunte l'exode, les convois laissent leur signature: meubles brisés, papiers gras, paille, valises ouvertes, parapluies, vêtements perdus, pneus éclatés.
Des femmes se précipitent dans les dernières pharmacies ouvertes pour faire piquer les bêtes familières qu'elles ne se résignent ni à abandonner ni à entraîner à l'aventure. [...] Le 8 juin, les trains quittant Paris vers l'ouest circulent normalement; le 10 juin, ils n'arrivent plus à Rennes qu'avec dix-huit heures de retard; le 11, il n'y a plus de trains, mais la masse humaine n'en déferle pas moins à pied, à bicyclette ou en voiture. [...]
En juin 1940, il faut sept jours aux réfugiés pour aller par le train de Lille à Morlaix, cinq jours du Havre à Brest, cinq jours de Reims à Nantes.
Pendant un mois, la moitié de la France se vide d'hommes. Il y a eu les Belges et les Hollandais que l'on regardait avec pitié mais sans se croire directement intéressé. Puis les gens du Pas-de-Calais, du Nord, de la Somme. Ceux de l'Aisne, de la Marne. Ceux des Ardennes, qui sont partis les premiers avec leurs lourds chariots, sur lesquels sont assis les femmes âgées et les infirmes, sur lesquels sont entassés les sacs d'avoine pour les bêtes, tandis que les hommes, montés sur des bicyclettes, vont et viennent, recherchent des cantonnements, des vivres, de l'eau. [...]
Agen passe de 27000 à 45000 habitants; Cahors de 13000 à 60000; Périgueux de 37000 à 80000; Brive de 30000 à 100000 [...]

Henri Amouroux (1961), La vie des Français sous l'occupation, tome 2, pp. 12f., 19f., 48

1.3 La marée brune

la marée montée de la mer à certaines heures

«Dans les régions occupées de la France, le Reich allemand exerce toutes les prérogatives de puissance occupante [...] Le gouvernement français invitera immédiatement toutes les autorités et tous les services administratifs du territoire occupé à se conformer aux prescriptions des autorités allemandes et à collaborer avec ces dernières d'une manière correcte.»
(Convention d'Armistice du 22 juin 1940 – extrait)

la prérogative *Vorrecht*
inviter qn ici: ordonner à qn
se conformer se soumettre à la prescription, à l'ordre fixé par un texte

Ce premier paragraphe de la convention d'armistice, permet non seulement aux occupants de compter sur la collaboration du gouvernement français mais aussi de donner les ordres et de définir les relations avec les vaincus. Ainsi la convention, signée à Rethondes dans la voiture de chemin de fer où fut conclu l'armistice de 1918, prévoit un désarmement général de la France qui ne garde qu'une armée dite «d'armistice» limitée à 100000 hommes et chargée exclusivement de l'ordre public dans la zone non-occupée. Le gouvernement français doit s'engager à ne plus entreprendre aucune action contre le Reich et à payer les frais de stationnement des troupes allemandes en zone occupée. Il est aussi conclu que tous les prisonniers de guerre allemands seront mis en liberté immédiatement, les prisonniers de guerre français resteront en revanche en captivité.

la convention d'armistice le texte signé par les deux parties
conclure un contrat se mettre d'accord sur un contrat
le désarmement *hier: Entwaffnung*
le prisonnier de guerre soldat emprisonné par l'ennemi
la captivité la détention, l'emprisonnement

Les deux zones

Les territoires occupés constituent à peu près 60% de la superficie nationale, s'étendant sur la moitié nord du pays et la côte atlantique jusqu'à la frontière espagnole. La ligne de démarcation coupe la France en deux. Le passage d'une zone à l'autre est strictement interdit, et ce n'est qu'en septembre 1940 que les autorités d'occupation admettent l'envoi de cartes postales.
Dans toutes les villes en zone occupée, la «Zone O», la zone non-occupée étant appelée «Zone Nono», les Français voient s'installer les services militaires, policiers et administratifs allemands. Dans les rues, sur les places et édifices publics, apparaissent des inscriptions en langue allemande. Les autorités allemandes ont préparé les mesures à prendre dès le premier jour de l'occupation. Ces mesures sont annoncées par voie d'affiches et de journaux. Les «Bekanntmachungen», les avis des forces d'occupation annoncent ainsi aux Français que toutes les pendules doivent être avancées d'une heure. Le lendemain de l'occupation, la France vit à l'heure allemande. De nombreuses restrictions sont décré-

l'affiche (f) avis officiel ou publicitaire placardé sur les murs
la pendule *Uhr*

tées: interdites sont toute manifestation contre des soldats allemands, toute possession clandestine d'armes, toute aide aux fuites vers la zone libre, toute communication avec les pays ennemis du Reich, toute dissimulation des prisonniers de guerre fugitifs, toute écoute de propagande étrangère, en particulier celle de radios des pays neutres ou ennemis. Plus tard, il sera même interdit de prendre des photos en plein air, de se rassembler sans autorisation spéciale ou d'exhiber des emblèmes ou des drapeaux quelconques. Des peines draconiennes sont prévues pour le non-respect des ordonnances nazies. Une ordonnance menace des travaux forcés, «dans les cas graves» de la peine de mort, toute personne qui nuit aux intérêts de l'occupation allemande en arrêtant le travail ou en incitant une autre personne à le faire.

Ainsi donc, avec l'installation de l'ordre nazi, la vie des Français dans toute la zone occupée se trouve complètement bouleversée.

clandestin,e secret, illégal

la dissimulation le fait de dissimuler, cacher

exhiber montrer publiquement

l'ordonnance (f) la prescription, le règlement

les travaux forcés *Zwangsarbeit*

inciter *anregen*

bouleversé,e brusquement changée

L'arrivée des Allemands en 1940 vue par Tomi Ungerer

Hitler in Paris

Das alte Paris macht einen vornehmen Eindruck. Die großen Perspektiven sind gewaltig. Ich hatte die ganzen Jahre schon alle meine Männer nach Paris geschickt, damit sie nicht staunen, wenn wir an den Neubau von Berlin herangehen. Berlin ist darin jetzt miserabel, Berlin wird aber einmal schöner sein als Paris. Paris hat, wenn man vom Eiffelturm absieht, doch nichts, was der Stadt so charakteristisch den Ausdruck gibt, als etwa Rom das Kolosseum. Aber: ich war doch glücklich, dass wir Paris nicht zu zerstören brauchten. Mit so großer Seelenruhe, als ich an die Vernichtung von Petersburg [Leningrad] und Moskau herangehe, mit so großem Schmerz hätte mich die Vernichtung von Paris erfüllt. Immer ist eine Sache das Vorbild für eine andere. Man lernt, man sieht Fehler, macht vieles großartiger. Die Wiener Ringstraße ist nicht denkbar ohne den Pariser Boulevard, sie ist eine Kopie davon. Einen tiefen Eindruck macht der Invalidendom. Das Panthéon bietet eine entsetzliche Enttäuschung. [...] Diese Skulpturen, sie wuchern wie Krebsgeschwülste! Die Madeleine wiederum hat eine schlichte Größe.

Die Pariser Oper ist im Innern überladen. Ich habe alles das nur in der Frühe gesehen zwischen sechs und neun. Ich wollte die Bevölkerung möglichst wenig erregen. Der erste Zeitungsjunge, der mich erkannt hat, bekam sofort die Mundstarre; ich habe noch das Bild vor Augen einer Französin, die in Lille, am Fenster stehend, meiner ansichtig wird und „Le Diable!" ruft!

Zit. nach: Werner Jochmann (Hg.), Adolf Hitler. Monologe im Führerhauptquartier 1941–1944, Albrecht Knaus, Hamburg 1980, S. 115f.

L'aspect de Paris change.

A l'Allemand que je croise dans la rue

Jean Guéhenno (1890–1978) est un écrivain français. Résistant actif, il publie pendant l'occupation sous le pseudonyme de Cevennes.

éprouver sentir
affecter faire semblant
boutonné,e *zugeknöpft*
les gants (m) *Handschuhe*
le poignard *Dolch*
le fusilleur celui qui tire avec un fusil
les bottes (f) hautes chaussures
intouchable *unberührbar*
le gel la glace
de pied en cap des pieds à la tête
fripé,e *zerknittert*
élimé,e usé,e
le nombril *Bauchnabel*

Je ne sais pas bien ce que j'éprouve quand je me trouve près de toi. Je ne te hais pas, je ne te hais plus. Je sais que tu ne seras jamais mon maître. J'affecte de ne pas te voir. Je fais comme si tu n'existais pas. Je me suis promis de ne jamais te parler. Je comprends ta langue, mais si tu m'adresses la parole, je lève les bras au ciel et je joue celui qui ne comprend pas.
A quoi ressembles-tu avec ton habit vert, dans nos rues, sur nos places? Un soldat, à Paris, en France, c'est bleu ou réséda. Tu es trop boutonné. Et ces gants de Monsieur que tu portes? Tu es trop correct. Et ton poignard? Et ton revolver? Fusilleur ganté. Et tes bottes? Que de paires de souliers on y taillerait pour ceux qui maintenant vont pieds nus.
Je ne te hais pas. Je ne sais pas haïr. Quand tu montes dans le métro, nous nous serrons pour te faire place. Tu es l'intouchable. Je baisse un peu la tête pour que tu ne voies pas où vont mes yeux, pour te priver de la joie que donne la lumière d'un regard échangé. Tu es là au milieu de nous, comme un objet, dans un cercle de silence et de gel. Je te vois de pied en cap, dans ton uniforme un peu fripé désormais et pas mal élimé aux genoux et aux coudes, avec, sur ton nombril, sur ta plaque de ceinturon, cette inscription que je déchiffre toujours avec la même surprise: *Gott mit uns […]* Je rêve: *Gott mit uns!* J'envisage avec curiosité quel est ce dieu qui est avec toi. Drôle de Dieu. Y est-il encore quand tu fusilles?

Jean Guéhenno, Journal des années noires (1940–1944), © Éditions Gallimard, Paris 1947

Reichsmarschall Göring bei *Maxim's*

[...] Ich würde es den Franzosen übel nehmen, wenn wir in Paris nicht ein fabelhaftes Lokal hätten, wo wir uns anständig mit dem besten Essen versehen können. Aber ich habe keine Lust darauf, dass die Franzosen da hineinspazieren können. Nur für uns muss das *Chez Maxim's* die beste Küche haben!

Zit. nach: Peter Alfons Steiniger (Hg.), Der Prozess gegen die Hauptkriegsverbrecher vor dem Militärgerichtshof. 14.11.1945–1.10.1946, 42 Bände, Rütten & Loening, Berlin 1957, Bd. 8, S. 58

Officiers allemands déjeunant dans un grand hôtel réquisitionné en 1943

1.4 L'Alsace et la Lorraine

C'est en Alsace et en Lorraine, cependant, que la vie change le plus car les dirigeants nazis ont condamné ces régions à redevenir allemandes. Le gouvernement de Vichy proteste en vain contre cette violation de la convention d'armistice que constitue l'annexion de fait de l'Alsace et la Lorraine.

L'Alsace et la Lorraine seront ainsi germanisées. Non seulement les villes et les rues sont rebaptisées et les autorités allemandes mènent la lutte contre l'emploi de la langue française, mais, peu à peu, toutes les lois allemandes y entrent en vigueur. En août 1942, les Alsaciens et les Lorrains se voient octroyer d'office la nationalité allemande et sont soumis désormais au service militaire allemand. Par la suite, 130 000 Alsaciens et Lorrains vont être mobilisés de force pour la guerre nazie et partent au front.

germaniser rendre allemand

rebaptiser donner un nouveau nom

entrer en vigueur *in Kraft treten*

octroyer d'office donner qc à qn sans sa demande

La germanisation

l'administrateur chef de l'administration

le bûcher pile de bois sur laquelle on brûle des objets (ici: des livres) ou des personnes, en général sur la place publique

crispé,e *verkrampft, hier: verbohrt, verbissen*

mensonger,-ère qui ment, qui ne dit pas la vérité

municipal,e (pl.: -aux) qui appartient à la ville

épargner ici: laisser tranquille, ménager

sauvage qui n'est pas civilisé

non contents de cela ne leur suffit pas

Affiche de propagande nazie

Le 9 juillet, on demande à l'administrateur de Gandrange: «Votre ville possède-t-elle une bibliothèque? Si oui, vous devez la fermer immédiatement. Envoyez-nous la liste des livres.» Les Allemands veulent priver la population de livres français. Dans quelques mois, ils feront même la chasse aux traductions qui finiront, elles aussi, sur le bûcher. *«Jetez à la rue ces produits crispés de la mensongère propagande française et de la haine des peuples. Vérifiez vos bibliothèques de façon que, à côté des œuvres de nos poètes et penseurs allemands, ne se trouve plus la littérature décadente française»* […]

Le 22 juillet, les administrateurs reçoivent l'ordre de changer le nom des principaux bâtiments municipaux. La mairie deviendra «Bürgermeisteramt», l'école primaire «Volksschule». Les annonces bilingues sont interdites. C'est la grande offensive contre la langue française. Elle n'épargne rien. Partout les villes sont rebaptisées et, dans les villes, les rues. Gandrange devient Gandringen; Thionville, Diedenhofen; Sainte-Marie-aux-Mines, Markirch; Marmoutier, Mesmünster; Château-Salins, Salzburgen. A Strasbourg, la place De Broglie s'appelle «Adolf-Hitler-Platz»; la place de la République, «Bismarck Platz»; à Mulhouse, la rue du Sauvage devient, elle aussi, «Adolf-Hitler-Straße», ce qui fait bien rire les Mulhousiens. […] Non contents de germaniser les rues, les Allemands tentent de germaniser les noms. En novembre 1940, ceux qui portent des noms à consonance française reçoivent des listes de traduction à la lecture desquelles les Flageolet s'appelleront désormais Bohn; les Rochet, Roth; les Ponton, Burger; les Dupont, Brückner … […]

Henri Amouroux, La vie des Français sous l'occupation, © Librairie Arthème Fayard 1990, tome 2, pp. 107–111

Les malgré-nous

Entre 1942 et 1944, 130 000 Alsaciens et Mosellans sont enrôlés dans la Wehrmacht ou les Waffen SS, la plupart pour le front de l'Est. Ils se nomment après la guerre les malgré-nous, bien que des volontaires en aient fait partie. Les 13 malgré-nous participants du massacre d'Oradour-sur-Glane sont condamnés en 1953 devant le tribunal de Bordeaux. A la suite de vives protestations de la population alsacienne et mosellane et grâce à une loi d'amnistie votée d'urgence, ils sont libérés quelques jours plus tard. Ceci provoque des réactions violentes de la population d'Oradour-sur-Glane, contre la réhabilitation de ceux qu'ils nomment «les monstres SS».
Ce n'est qu'en 1999 que les représentants des deux provinces françaises manifestent une volonté de rapprochement à l'occasion de l'ouverture du Centre de la mémoire d'Oradour. Le sort des malgré-nous touche un sujet historique brisant: la soumission aux ordres et la responsabilité individuelle.

le Mosellan habitant du département de la Moselle
enrôlé,e *eingezogen*

Chapitre 2: Exclusion, discrimination, persécution

2.1 Propagande

Dès le début de l'occupation, les nazis mènent une vaste campagne de propagande contre ceux que l'idéologie fasciste désigne comme ennemis principaux: les organisations de gauche, notamment les communistes et la communauté juive. Mais ils ne vont pas s'arrêter à la propagande, très vite, on passe aux actes …

Des opposants politiques communs

Comme en Allemagne au lendemain de leur prise de pouvoir en 1933, les nazis mettent tout en œuvre pour réprimer les revendications du mouvement ouvrier français. Communistes, socialistes et militants syndicaux sont persécutés dès l'été 1940. Très souvent, ils n'échappent pas à l'incarcération dans les camps de concentration, à la déportation et la mort.

la communauté groupe social dont les membres vivent ensemble, ont des intérêts communs
juif,ve *jüdisch*
passer aux actes devenir actif

la prise de pouvoir *Machtergreifung*

le militant membre actif d'un parti politique ou d'un syndicat
persécuter poursuivre
l'incarcération (f) le fait d'enfermer, de mettre en prison

acharné,e *erbittert*
le député membre élu d'un parlement
le fonctionnaire *Beamter*
licencier priver de son travail
se flatter se vanter
l'otage (m) *Geisel*
fusiller tuer à coups de fusil
les représailles (f pl) mesures prises contre un adversaire pour se venger

Les premières victimes d'une persécution particulièrement acharnée sont les membres du Parti Communiste Français, déjà interdit par le gouvernement Daladier, en septembre 1939, après le pacte germano-soviétique de non-agression entre Staline et Hitler. Dans le domaine de la chasse aux communistes, les nazis peuvent compter sur la collaboration des services policiers de Vichy: en janvier 1940, tous les députés communistes avaient déjà été privés de leurs mandats. Peu après, 8 000 fonctionnaires se trouvaient licenciés et 3400 personnes arrêtées sous prétexte de communisme. Le régime du maréchal Pétain, composé d'anticommunistes convaincus, poursuit cette politique sur la demande expresse des services allemands. En mai 1941, Vichy se flatte des 30 000 communistes incarcérés, dont 12 000 dans la seule zone libre. Quand les nazis commencent à exiger la désignation d'otages à fusiller en représailles des actions de la Résistance, Vichy dresse des listes contenant en majorité les noms de communistes incarcérés.

Premières mesures anti-juives

désigner nommer, choisir

L'Holocauste (m) ou **la Shoah** est l'extermination de six millions de Juifs dans les camps de concentration par les nazis.

favorablement avec approbation, avec bienveillance
le Service public ensemble des administrations et des services de l'Etat
résider habiter
recenser dénombrer, inscrire
le commerce ici: le magasin
aryen,ne *arisch*

Vichy et la droite française partagent aussi des idées semblables sur cet autre *«adversaire commun»* que leur désigne l'idéologie fasciste: les Juifs. Même si les antisémites de la droite française n'ont jamais envisagé l'holocauste entrepris par les nazis les premières mesures anti-juives y sont accueillies favorablement.
Le 17 juillet 1940, à peine quatre semaines après l'armistice, les Juifs étrangers sont exclus du Service public sur l'ordre de Vichy. Le 29 août, l'ambassadeur Abetz informe les autorités françaises que selon la décision du *Führer*, les Juifs ne doivent pas rentrer en zone occupée et que ceux qui y résident doivent être immédiatement recensés. Les magasins juifs doivent être signalés par des affiches jaunes. Pour les commerces dont les propriétaires sont absents ou en fuite, des gérants *«aryens»* doivent être nommés.
Dans la seule région parisienne, 149 736 Juifs sont recensés et se font apposer le tampon JUIF sur leur carte d'identité.

Qui est juif?

adopter choisir, opter pour

Dans son *«Statut des Juifs»* du 3 octobre 1940, Vichy adopte une définition raciale. Le lendemain, une loi prévoit l'enfermement dans des camps de tous *«les étrangers de race juive»*.

Les Juifs français de la zone occupée, une fois recensés, sont frappés à partir de la fin de 1941 de nombreuses interdictions: interdiction d'exercer presque toutes les activités économiques et commerciales; interdiction de travailler dans le Service public, interdiction de franchir la ligne de démarcation, puis de voyager, de sortir entre 20 heures et 6 heures du matin. Interdiction d'avoir le téléphone, un poste de radio, une bicyclette, de fréquenter les spectacles, les restaurants et cafés, les piscines, les bibliothèques, etc.

En zone non-occupée, les Juifs sont également exclus de la plupart des activités économiques et commerciales. Vichy n'admet que quelques exceptions pour certaines catégories comme les anciens combattants de la première guerre ou les décorés de la campagne 1939–40. Le 23 mars 1941 est créé, à l'initiative de Vichy, le *Commissariat général aux questions juives*, chargé de réprimer *«l'influence juive»* dans la vie publique et de coordonner la politique anti-juive dans les deux zones.

fréquenter aller souvent dans un lieu

l'ancien combattant homme qui a été soldat

le décoré personne ayant reçu une décoration, une médaille

Indignation et solidarité populaires

Le 29 mai 1942, une ordonnance allemande institue le port obligatoire de l'étoile jaune en zone occupée. La population française, dans sa grande majorité, réagit par un mouvement d'indignation et de réprobation. Quelques-uns vont même, sans être juifs eux-mêmes, porter l'étoile jaune par solidarité. La réaction populaire contre cette discrimination est si forte que les autorités allemandes ne réussiront pas à imposer pareille mesure en zone non-occupée.

Mais le pire reste encore à venir: la déportation massive des Juifs dans les camps de la mort. Le 20 août 1941, la première rafle organisée par les polices allemandes et françaises a eu lieu en zone occupée. Dans le 11ème arrondissement de Paris, le Marais, plus de 3000 Juifs ont été arrêtés à leurs domiciles et ont été enfermés au camp de Drancy, au nord-est de la capitale pour attendre leur déportation. Or, le 20 janvier 1942, lors de la fameuse conférence de Wannsee, les dirigeants du Reich décident la *«solution finale de la question juive»*. Il faut accentuer la pression sur Vichy qui se montre de plus en plus hésitant pour prêter son aide à la politique de déportation. Eichmann en personne se rend à Paris pour préparer la *«grande rafle du Vél' d'Hiv'»* au cours de laquelle, le 16 et 17 juillet 1942, presque 15000 Juifs sont arrêtés par les policiers français, agissant avec plus ou moins de bonne volonté à l'ordre des Allemands. Les Juifs prendront tous le chemin de la déportation.

Beaucoup de Français manifestent leur opposition active aux déportations, si bien que Vichy est amené à demander aux autorités

le port l'action de porter

l'indignation (f) sentiment de colère contre une action immorale ou injuste

la réprobation condamnation, désapprobation

imposer prescrire, commander

la rafle arrestation en masse par la police

accentuer intensifier, augmenter

le Vélodrome d'Hiver
grande piste entourée d'une arène pour courses de bicyclettes à Paris, détruite en 1959 (voir p. 40).

manifester montrer publiquement

être amené à être conduit à, devoir

rapporter remettre à plus tard

ralentir diminuer la vitesse

atténuer rendre moins grave, diminuer

l'atrocité (f) cruauté, barbarie, horreur

allemandes que soit rapportée la décision de déporter l'ensemble des Juifs français de la zone occupée et que soit ralenti le rythme des déportations. Plus de 75 000 Juifs sont déportés de France entre mars 1942 et août 1944, c'est-à-dire un quart de la population juive française. Si ce chiffre est, certes, inférieur à celui des 90 % de Juifs polonais ou hollandais déportés dans les camps de la mort, cette différence de pourcentage n'atténue en rien l'atrocité du crime contre l'humanité.

Affiche de propagande antisémite (1943)

Brochure de propagande anti-bolchévique

se ressaisir *sich wieder fassen* – **l'avènement** (m) le début

Brochure de propagande antisémite

le chancre *Geschwür* – **ronger** *zernagen* – **la réconciliation** *Aussöhnung*

2.2 L'étoile jaune

Le 29 mai 1942, une ordonnance rend obligatoire le port de l'étoile de David pour les Juifs.

Il fait très chaud à Paris, le samedi 6 juin 1942. Alice Courouble et son amie Suzanne s'engagent rue Saint-Jacques pour rejoindre le métro. Un prêtre qu'elles ne connaissent pas les salue, en les croisant, d'un large coup de chapeau. Un peu plus loin, un jeune homme à lunettes traverse la chaussée et leur dit: *«Permettez-moi, mesdemoiselles, de vous serrer la main.»*
Les joues de Suzanne s'empourprent. Elle balbutie: *«Merci, monsieur. Merci de votre geste.»*
Les deux jeunes filles passent devant le *Dupont-Latin*, aux terrasses encombrées d'étudiants. Elles vont poursuivre leur route lorsque cinq policiers en civil leur barrent le passage. *«Police, vos papiers.»* Elles présentent leur carte d'identité et leur carte d'alimentation. Alors, l'un des policiers, fixant sur le boléro de soie noire d'Alice Courouble la toute neuve étoile jaune s'écrie:
«Madame, vous n'êtes pas juive!» Alice Courouble ne répond pas. L'homme insiste: *«Allons, pourquoi avez-vous fait cela?»*
Les autres la regardent curieusement. *«C'est mon amie,»* bredouille enfin Alice, *«je ne pouvais pas la laisser sortir seule. – Venez avec nous au commissariat, vous vous expliquerez.»*
Devant le commissaire de la rue Dante, elle raconte que Suzanne est arrivée un jour, brandissant un journal et disant: *«Cette fois, ça y est. Je dois porter une étoile jaune.»*
Par sympathie pour Suzanne, Alice s'est écriée: *«Eh bien! je t'accompagnerai et, moi aussi, je porterai une étoile.»* [...]
Au Dépôt, 3, quai de l'Horloge et, plus tard, aux Tourelles, elle va rencontrer d'autres femmes arrêtées, elles aussi, pour avoir indûment porté l'étoile juive: Jenny, Paulette, Françoise avaient peint sur leur étoile la mention: *papou*. Mme L. avait brodé sur la sienne la croix du Christ. Josephe s'était confectionné une ceinture faite de huit étoiles de carton jaune portant chacune une des lettres du mot: V.I.C.T.O.I.R.E.
Quant à Marie Lang, marchande de journaux, boulevard des Italiens, elle a poussé l'audace plus loin encore. C'est au collier de son chien qu'elle a fixé une étoile juive; interpellée par la police, elle a avalé la feuille de papier compromettante. [...]
On pourchasse les aryens qui se déguisent en juifs.
On pourchasse bien plus sévèrement les Juifs qui, volontaire-

s'engager ici: prendre
rejoindre le métro aller au métro
croiser qn rencontrer qn sur son chemin
s'empourprer rougir, devenir rouge
balbutier parler en hésitant
encombré,e de plein de
barrer le passage empêcher de passer
fixer ici: regarder avec attention
la soie *Seide*
bredouiller balbutier, chercher ses mots
brandir agiter dans l'air
indûment sans y être autorisé
la mention *hier: Bezeichnung*
le papou *Papua-Indianer*
broder *sticken*
confectionner fabriquer
la ceinture *Gürtel*
pousser l'audace plus loin oser plus, avoir plus de courage
le collier bijou qui se porte autour du cou
pourchasser poursuivre

se déguiser en s'habiller comme
masquer cacher
le revers *Umschlagkragen*
la jaquette veste
vierge de ici: sans
cousu p.p. de coudre *(nähen)*
le bouton-pression *Druckknopf*

ment ou non, oublient leur déguisement. Arrêtées, celles qui masquent l'étoile d'un sac à main tenu contre leur cœur. Arrêtée et déportée en Allemagne, Mme Couyrigne, vieille dame de 72 ans, dont l'insigne était à moitié dissimulé par un revers de jaquette. Arrêtés ceux qui descendent en robe de chambre, vierge d'étoile, chercher le pain du matin. Ceux dont l'étoile est mal cousue. Ceux dont l'étoile est tenue par une épingle ou par des boutons-pression.

Henri Amouroux, La vie des Français sous l'occupation, © Librairie Arthème Fayard 1990, tome 2, pp. 131 ff.

COMMISSARIAT GÉNÉRAL AUX QUESTIONS JUIVES

1,568

CERTIFICAT

DE NON-APPARTENANCE A LA RACE JUIVE

Sur le vu des pièces produites par l'intéressé, le Commissaire Général aux Questions Juives constate que Mme Finkelsteins (Igor, Isaac) née Belaïf (Marthe, Alice) née le 8 septembre 1901 à Fontenay aux Roses / Seine ne doit pas être regardé comme juif aux termes de la loi du 2 Juin 1941.

Paris, le 15 septembre 1941

Certificat dit «d'aryanité» établi par le commissariat général aux questions juives

2.3 La chasse à l'homme

Témoignage du cinéaste Louis Malle

le témoignage récit d'une personne qui était présente à l'événement
le cinéaste qui tourne des films, metteur en scène

Le cinéaste français Louis Malle (1932–1995) passe l'occupation dans des internats catholiques dont un est évoqué ici. Cette anecdote autobiographique a livré le thème du film *Au revoir, les enfants* paru en 1987 et honoré par plusieurs césars.

Avon commune de Seine-et-Marne en Île de France
les Carmes déchaux ordre de religieux qui ont les pieds nus dans leurs sandales

«J'étais élève de 5ème, nous raconte-t-il, au Petit Collège d'Avon. C'est un établissement religieux, un collège des Carmes déchaux proche de Fontainebleau. A cette époque, le «provincial» des Carmes était le Père Philippe et le directeur du collège était le Père Jacques. L'un et l'autre étaient des membres très actifs et même dirigeants du Front National. Dans le collège, cachés sous de faux noms, il y avait quatre jeunes garçons juifs qui étaient entrés au premier trimestre. Nous, dans les petites classes, nous ne le savions pas, mais les élèves des grandes classes, ceux de première et de seconde, avaient été mis au courant par le Père Jacques. Ça, je l'ai su plus tard, de même que j'ai appris qu'à l'origine des événements il y avait la dénonciation d'un employé mécontent. [...]

Mais revenons en janvier 1944. Un matin, alors que nous étions en classe, nous avons entendu du remue-ménage dans la cour. Et puis, j'en ai un souvenir très précis, on a vraiment entendu un bruit de bottes dans le couloir. Oui, des bottes, juste avant de voir entrer un civil et deux soldats allemands. Une fois dans notre classe, le civil a appelé un nom israélite dont je ne me souviens plus. C'est alors que le garçon que nous connaissions sous le nom de Bonnet s'est levé. Il était très, très calme. Il a rangé ses bouquins. Il en a fait un petit tas, comme ça, sur sa table, très soigneusement. Je me rappellerai toujours cette façon dont il a rangé ses bouquins [...] Et puis, il a quitté sa place et il s'est avancé successivement vers chacun de nous. Il faut dire que dans cette classe nous n'étions pas alignés les uns derrière les autres mais que nos tables étaient disposées en forme de U. Nous n'étions pas très nombreux: une quinzaine [...] Au milieu du U, il y avait un vide avec le poêle qui chauffait très fort car il faisait très froid. Alors Bonnet a fait le tour et il nous a tous serré la main pour nous dire au revoir. Il a aussi serré la main du professeur et il a suivi les Allemands [...] Les choses se sont passées de la même façon dans trois autres classes. Aussitôt après, on nous a tous fait descendre dans la cour où on nous a fait mettre en rang pour écouter le discours d'un petit homme qui devait avoir une quarantaine d'années et qui nous a fait un cours de «morale» en nous expliquant que les Juifs n'étaient pas des Français, etc. C'était un Allemand de la Gestapo de Melun. Je crois qu'il s'appelait Kopf. Il nous a dit aussi que le collège allait être fermé parce que ses dirigeants ne s'étaient pas conduits en bons Français.»

Cité par: Alain Guérin (éd.), La Résistance – Chronique illustrée 1930–1950, Livre Club Diderot, Édition du Cinquantenaire, 1973

le provincial ici: religieux avec certaines fonctions

Le Front national est une organisation principalement communiste de la Résistance créée en 1941 qui se consacra à la propagande, à la fabrication de faux-papiers, à l'aide logistique des clandestins ainsi qu'au sabotage.

mettre au courant faire savoir

le remue-ménage désordre

la botte chaussure haute

le bouquin (fam.) livre

successivement l'un après l'autre

aligner mettre en rang, en ligne

disposer arranger

le poêle appareil de chauffage à bois, charbon ou autre combustible

Les enfants d'Izieu

Le 6 avril 1944, 44 enfants sont arrêtés puis déportés dans les camps de concentration, sur les ordres de Klaus Barbie et de la Gestapo de Lyon. Aucun ne survivra. C'est un couple d'éducateurs, Sabine et Miron Zlatin, qui avait recueilli ces enfants juifs séparés de leur famille, orphelins d'un ou deux parents. Ils s'installent dans une grande maison à Izieu, un petit village à la limite de la Savoie et de l'Isère. Les enfants réapprennent petit à petit à rire, à jouer, à croire en un avenir possible. Mais Sabine Zlatin est inquiète. Elle multiplie les démarches pour cacher les enfants dans un endroit plus sûr. Au début du mois d'avril, elle se rend à Montpellier pour demander de l'aide. Mais avant son retour, tous les enfants, son mari et les animateurs sont arrêtés pour être déportés et assassinés. La maison d'Izieu est aujourd'hui un lieu consacré à leur mémoire.

Les enfants et leurs animateurs devant la fontaine de la maison d'Izieu au cours de l'été 1943.

La rafle du Vél' d'Hiv'

A partir de trois heures du matin, ce jour fatal du 16 juillet, dans tous les quartiers juifs, on entendit les bruits de pas des policiers, aux portes des coups de poing caractéristiques.
Ceux qui par malheur ouvrirent, virent immédiatement devant eux un Français, des policiers ou des gendarmes, souvent accompagnés de doriotistes. Les malheureux durent alors s'habiller rapidement et les accompagner.
Aucune considération n'arrêta les policiers: tous ceux dont les noms figuraient sur la liste furent impitoyablement enlevés, ainsi que les vieillards, les malades, les paralytiques, et même les agonisants. […] Les rues de Paris prirent un aspect bouleversant. Des mères avec leurs bébés sur les bras, accom-

le doriotiste membre de l'organisation politique et paramilitaire du fasciste français Jacques Doriot
impitoyable sans pitié
le paralytique qui est atteint de paralysie
agoniser lutter avec la mort

pagnées de deux ou trois enfants, des femmes enceintes, des vieillards épouvantés, les yeux hagards, cherchaient d'où pourrait bien leur venir du secours. Peut-être était-ce un cauchemar? Ou une erreur terrible qui tout à l'heure serait dissipée?
Le comportement brutal de la police les ramena à la réalité. [...] Ceux qui n'ouvrirent pas leur porte purent observer avec angoisse ces scènes horribles. Maintenant, tout est fini, pensaient-ils. Ainsi, tous les avertissements se révélaient exacts. La déportation, c'est la mort! [...]
Tous, sans distinction d'âge et de sexe, furent rassemblés au Vélodrome d'Hiver, où la situation fut tout de suite épouvantable. Plus de douze mille personnes y furent entassées, assises à terre ou dans les travées.
Il n'y avait que deux W.C. pour les treize mille personnes. Les internés étaient obligés de faire leurs besoins sur place. Les immondices coulaient des étages supérieurs, jusque sur la piste. La faim, la soif, la chaleur torride, l'air vicié accablèrent même les plus forts. [...] Les pleurs et les cris ébranlaient les nerfs, les hurlements inhumains de ceux qui devenaient fous déchiraient le cœur.

David Diamant, Les Juifs dans la Résistance française, Éditions Roger Maria, Paris 1971, p. 56

Bus parisiens sous l'occupation devant le Vél' d'Hiv'

épouvanté,e effrayé, terrifié
hagard fou d'angoisse, de panique

le Vél' d'Hiv' voir p. 35

entasser mettre en tas, serrer
la travée *Durchgang*

l'immondice (f) excrément
la chaleur torride la chaleur brûlante
vicié,e impur
accabler abattre, écraser, épuiser
ébranler *erschüttern*

Témoignage: Un enfant s'échappe du Vél' d'Hiv'

Lazare Pytkowsky vit à Paris avec sa famille. Juifs d'origine polonaise, ils ont fui les pogromes de la Pologne catholique après la Première guerre mondiale et sont témoins de la rentrée des forces nazies à Paris en été 1940. Ils doivent bientôt porter l'étoile jaune. Le père de Lazare ne peut plus exercer son métier d'ébéniste, ni garder son stand d'antiquités aux puces. Les deux aînés, Rosine et Bernard qui font partie du mouvement clandestin de la Jeunesse Communiste, sont internés en mai 1942. Le 16 juillet, c'est la famille entière que les «capelines» viennent chercher pour une destination inconnue. La première étape est le Vél' d'Hiv'.

les puces *Flohmarkt*

la capeline manteau auquel les policiers parisiens devaient leur nom

l'ampleur *Ausmaß*
relater raconter
endiguer contenir, freiner
s'accroître augmenter
effrayé,e *erschrocken*
en faction *Wache stehend*
le nourrisson bébé
hurler crier très fort
envahir entrer de force
la bousculade *Gerangel*
franchir traverser un obstacle
filer ici fam.: partir vite
avouer dire la vérité
advenir arriver à
le métro aérien *oberirdische U-Bahn*
la trouille (fam.) la peur
accorder *hier: gönnen*
en dépit de malgré
se féliciter *s. beglückwünschen*
arracher *abreißen*
pour toute fortune *als ganze Habe*
le trousseau *Bund*

[…] Les familles arrivent par centaines! L'ampleur de la rafle fait naître les plus sombres inquiétudes. Des femmes gagnées par une peur incontrôlable commencent à crier.

Dans cette ambiance dramatique, relate Lazare, mon père se mit à circuler, recherchant à tout hasard des personnes de connaissance. N'en trouvant pas, il s'adressa à quelques hommes qui conservaient leur calme. Sans doute cherchait-il à endiguer la peur panique qui, inévitablement, tourne à l'hystérie. Mais il revint assez vite, craignant de ne pas nous retrouver dans cette foule qui s'accroissait. Entre temps, j'avais réfléchi. L'idée de ne plus pouvoir faire parvenir de colis en prison à Rosine et Bernard m'était insupportable. Je me décidais à demander à ma mère si elle acceptait de me laisser tenter une „sortie" du Vél' d'Hiv'. Effrayée, elle me répondit catégoriquement non. Je posais la même question à mon père qui, lui, me dit: „Si tu peux, vas-y!" J'avais imaginé de m'approcher de la porte par laquelle nous étions entrés et de me mêler aux groupes de grands garçons – un peu plus âgés que moi, il est vrai – que j'avais vu aider les arrivants à descendre des véhicules.

En faction devant cette porte, deux gendarmes (ou gardes-mobiles), habillés en uniformes bleus, n'avaient pas l'air commode […] Je vis qu'ils étaient armés. Brusquement, ils eurent à faire face à une centaine de mamans, portant leurs nourrissons, et qui commencèrent à hurler: „Laissez-nous passer! Nos bébés n'ont plus de lait!" Dans la rue Nélaton, il y avait un crémier-épicier. Ces mamans étaient résolues à envahir sa boutique. Chacun des factionnaires, totalement paniqués, posa la main sur le fusil qu'il portait à l'épaule. Les femmes se mirent à hurler et se jetèrent sur eux. Je profitais de cette bousculade pour franchir la porte et filer sans me préoccuper, je l'avoue, de ce qui allait advenir de ces femmes en colère. Je m'efforçais de marcher lentement jusqu'au bout de la rue Nélaton, puis je tournai à droite vers le métro aérien. J'aperçus, à deux cents mètres environ, deux agents de police. Malgré une trouille énorme, je décidais de passer devant eux. Ils ne m'accordèrent qu'un regard distrait, me prenant certainement pour un enfant du quartier. J'eus une pensée émue pour ma mère qui, en dépit de mes protestations, continuait à me faire porter des culottes courtes […] Puis je me félicitais intérieurement d'avoir arraché mon étoile jaune.

Pour toute fortune, j'avais sur moi quelques tickets de métro et mon trousseau de clefs.

Mary Cadras, Les enfants de la tourmente, Éditions Graphein, Fondation pour la mémoire de la déportation, Paris 1995, p. 121

Protestation de l'Evêque de Montauban

Message de l'Evêque de Montauban aux prêtres de son diocèse:

l'évêque le responsable religieux d'un diocèse

Mes bien chers frères,
Des scènes douloureuses et parfois horribles se déroulent en France sans que la France soit responsable. A Paris, par dizaines de milliers, des Juifs ont été traités avec la plus barbare sauvagerie.
[...] Je fais entendre la protestation indignée de la conscience chrétienne et je proclame que tous les hommes, aryens ou non, sont frères, parce que créés par le même Dieu, que tous les hommes, quelles que soient leur race et leur religion, ont droit au respect des individus et des Etats. Or les mesures antisémites actuelles sont un mépris de la dignité humaine, une violation des droits les plus sacrés de la personne et de la famille.
Que Dieu console et fortifie ceux qui sont indignement persécutés, qu'il accorde au monde la paix véritable et durable fondée sur la justice et la charité.

la conscience *Gewissen*
le mépris *Missachtung*
la violation le non-respect
sacré,e saint
consoler *trösten*

Pierre-Marie, Evêque de Montauban

À lire sans commentaire à toutes les messes, dans toutes les églises et chapelles du diocèse, le dimanche 30 août 1942.

Cité par: Serge Klarsfeld, Vichy – Auschwitz. Le rôle de Vichy dans la solution finale de la question juive en France, 1942, © Librairie Arthème Fayard 1983, p. 86

Chapitre 3: La vie quotidienne

quotidien de tous les jours

3.1 Au jour le jour

Les familles en France occupée ont surtout deux grandes difficultés: l'absence des pères (près de deux millions d'hommes sont prisonniers de guerre en Allemagne) et le manque de produits alimentaires.
Le plus souvent, les rares produits disponibles ne peuvent être obtenus qu'après avoir fait la queue pendant de longues heures, parfois déjà très tôt le matin, bien avant l'ouverture.

alimentaire ce qu'on mange ou boit
disponible qui peut être obtenu
faire la queue *anstehen*

le produit de remplacement produit alimentaire qui remplace un autre de qualité supérieure, devenu rare

prospérer se développer, s'étendre

populaire qui appartient au peuple

le taux quantité relative, pourcentage

modeste (f, m) pauvre

Des produits de remplacement apparaissent, que les Français finiront par appeler des «*ersatz*», et le marché noir prospère. Certains «*spécialistes*» arrivent à tirer profit de la misère générale et s'enrichissent de manière scandaleuse. Les Français plus fortunés, qui peuvent payer des prix fantastiques, trouvent sur le marché noir tout ce qui manque aux Français des classes populaires.

Les produits alimentaires sont rationnés et on introduit des cartes d'alimentation. Ainsi la ration de sucre est fixée à 500 grammes par mois, celle de viande à 120 grammes par semaine et celle des matières grasses à 70 grammes par semaine. Ces taux de rationnement diminuent au cours des mois et des années. Le chauffage est limité à 4 heures par jour, parfois il est totalement interdit.

En même temps, les prix alimentaires augmentent. Entre 1938 et 1943, ils ont plus que doublé, tandis que les salaires sont bloqués au taux de 1939.

Certains produits de consommation ont totalement disparu du marché: *«Toute une génération d'enfants ignorait ce qu'étaient une orange, une poire, le chocolat, le pain, l'huile, le beurre.» (Alain Guérin, La Résistance, Paris 1972, t. 5, p. 9)*

Ce sont les familles modestes, les ouvriers, employés, petits fonctionnaires, qui souffrent le plus de cette misère. Les conséquences de la sous-alimentation frappent surtout les enfants et les vieillards:

Opération séduction, 1940

Affiche de l'Union des Femmes Françaises, 1940

«A Lyon, de 1939 à 1943, la mortalité des nourrissons augmenta de 30%, à Paris la mortalité par tuberculose augmenta de 69% chez les adultes, de 87% chez les vieillards et de 104% chez les adolescents qui souffrirent le plus tragiquement des carences alimentaires prolongées.» (ibd.)

La propagande allemande cherche en vain à dissimuler les conséquences néfastes de l'occupation sur la vie quotidienne des Français. *«L'opération séduction»*, lancée par les services de propagande allemands, qui veut persuader les Français que l'armée d'occupation soit venue en aide au peuple français, est contredite par les faits et ne peut empêcher la colère populaire de monter contre les occupants et le régime de Vichy.

la mortalité taux de ceux qui meurent
le nourrisson bébé
l'adolescent (m) le jeune
la carence le manque, l'absence
prolongé,e qui dure longtemps
dissimuler cacher, masquer
néfaste nuisible
la séduction *Verführung*
contredire démentir

Dessin d'enfant, janvier 1941

le charbon *Kohle* – **le réchaud** *Kocher* – **rare** difficile à trouver – **faire la queue** *anstehen* – **tentant,e** *verlockend* – **désert,e** vide

3.2 Le pillage de la France

le pillage du verbe piller: prendre par la violence, voler

la matière première *Rohstoff*
le cuivre *Kupfer*
la pénurie le manque
la main-d'œuvre travailleurs
le Mur de l'Atlantique voir p. 107
le combustible *Brennstoff*
réquisitionner *beschlagnahmen*
la sidérurgie branche de l'industrie qui produit de l'acier
le ravitaillement alimentation, approvisionnement
le colon personne partie dans une colonie pour y cultiver la terre
poméranien *pommerisch*
saxon *sächsisch*
parvenir arriver
déporter transporter de force à l'étranger
le quintal (pl: -aux) 100 kilogrammes

Après l'armistice, la France se trouve, en quelques mois, réduite à l'état de pays sous-développé. Avant la guerre, elle importait la plupart des matières premières pour ses industries: la laine, le coton, le jute, le cuivre, le zinc, le caoutchouc, le bois. À l'occupation, les échanges commerciaux avec l'étranger sont pratiquement interrompus ou ne se font qu'à sens unique: les wagons partent pleins pour l'Allemagne et les pays occupés pour en revenir généralement vides.
À la pénurie de matières premières s'ajoute celle de la main-d'œuvre: L'absence de près de deux millions de prisonniers de guerre désorganise la production. De plus, l'Allemagne nazie commence à enrôler de la main d'œuvre, tout d'abord sur place pour les travaux de la Wehrmacht, comme le Mur de l'Atlantique, puis pour son industrie de guerre en Allemagne même.
Bientôt, les combustibles se font rares. Les réquisitions allemandes en locomotives, wagons et camions, s'ajoutent au manque de combustibles pour rendre les transports très difficiles.
Le manque de matières premières, de main-d'œuvre qualifiée et de moyens de transport font baisser la production française.
Partout en zone occupée, les Allemands réquisitionnent dans l'industrie et l'agriculture pour les besoins de l'armée d'occupation. Dans le Nord, une des parties les plus peuplées, riches et industrialisées du territoire est déclarée *«zone interdite»* et doit vivre sous un régime de type colonial particulièrement sévère. Après l'armistice, le retour y est interdit aux habitants qui l'avaient quittée durant l'exode en 1940. Dans cette zone, le Reich fait travailler d'importantes usines de sidérurgie et exploite les mines de charbon, de même en Alsace et en Lorraine annexées.
La création de la *«zone interdite»* a aussi pour but de permettre aux nazis une «colonisation» agricole. La société «Ostland», chargée par le Ministère du Reich pour le Ravitaillement et l'Agriculture, fait venir des colons poméraniens et saxons et organise la redistribution des terres. Lorsque les anciens propriétaires parviennent à franchir la frontière de la *«zone interdite»*, ils doivent souvent signer des contrats de travail sur leurs propres champs, à côté de Polonais déportés ou de prisonniers belges. Les récoltes vont en grande partie vers l'Allemagne. Ainsi, en quatre ans, le seul département des Ardennes, fournira à l'Allemagne 425 000 quintaux de blé, autant de pommes de terre, 33 500 bœufs, 2 300 porcs, 5 400 moutons, etc.
Le pillage économique du territoire occupé est ainsi responsable de la pénurie générale dont souffre la population, qui contraste

d'ailleurs singulièrement avec le style de vie adopté par bon nombre de membres de la force d'occupation tirant, eux, pleinement profit de la victoire. Le taux du Reichsmark ayant été arbitrairement revalorisé par les autorités d'occupation, les Français voient de nombreux soldats et fonctionnaires civils allemands se procurer à des prix dérisoires textiles, bijoux, vins et spiritueux ou autres *«souvenirs»* qui seront expédiés en Allemagne. Les officiers supérieurs de la Wehrmacht et de la Gestapo dînent dans les restaurants les plus élégants de Paris, dont le Reichsmarschall Goering dit que *«l'excellente cuisine»* doit *«nous être réservée.»* Goering profite d'ailleurs, ainsi que d'autres dirigeants nazis, de ses nombreuses visites à Paris pour piller les œuvres d'art de la capitale.

Les Français vont ainsi s'apercevoir que *«l'ordre nouveau»* promis se traduit, sur le plan économique, par la domination et le pillage systématique des ressources.

adopter ici: choisir

le taux de change le cours d'achat et de vente d'une monnaie étrangère
arbitrairement *willkürlich*
revaloriser augmenter la valeur
dérisoire *lächerlich*

Transport de pommes de terre pour l'Allemagne

La collaboration vue de Berlin

Compte rendu sténographique de la Conférence du Reichsmarschall Göring avec les commissaires du Reich pour les territoires occupés et les commandants militaires sur la situation alimentaire, le jeudi 6 août 1942.

Sie sind weiß Gott nicht hingeschickt, um für das Wohl und Wehe der Ihnen anvertrauten Völker zu arbeiten, sondern um das Äußerste herauszuholen, damit das deutsche Volk leben

kann. Das erwarte ich von Ihren Energien. Die ewige Sorge für die Fremden muss jetzt endlich einmal aufhören. Ich habe hier Berichte liegen darüber, was Sie zu liefern gedenken. Das ist gar nichts, wenn ich Ihre Länder betrachte. Es ist mir dabei gleichgültig, ob Sie sagen, dass Ihre Leute wegen Hunger umfallen. [...] Mich interessieren in den besetzten Gebieten überhaupt nur die Menschen, die für die Rüstung und die Ernährung arbeiten. Sie müssen nur so viel kriegen, dass sie gerade ihre Arbeit tun können! [...]
Von Frankreich behaupte ich, dass es immer noch nicht bis zum Äußersten bestellt ist. Frankreich kann noch ganz anders bestellt werden, wenn die Paysans dort noch anders zur Arbeit gezwungen werden. Zweitens frisst sich in diesem Frankreich die Bevölkerung voll, dass es eine Affenschande ist ...

Zit. nach: Peter Alfons Steiniger (Hg.), Der Prozess gegen die Hauptkriegsverbrecher vor dem Militärgerichtshof. 14.11.1945–1.10.1946, 42 Bände, Rütten & Loening, Berlin 1957, Bd. 8, S. 58

Une anecdote que l'on se racontait pendant l'occupation

Deux agents de l'Intelligence Service, aux premiers jours de l'occupation, circulent dans Paris habillés en officiers de la Wehrmacht. Des policiers allemands les arrêtent: «Inutile de nier, vous êtes des espions anglais. – Exact, avouent flegmatiquement les deux Britanniques. Comment nous avez-vous reconnus? – Facile, vous êtes les seuls en uniforme allemand à ne pas porter de paquets.»

Henri Amouroux, La vie des Français sous l'occupation, © Librairie Arthème Fayard 1990, tome 2, p. 247

Soldats de la Wehrmacht à Paris

3.3 Humour et ironie

La complainte des nazis

Ils sont toute une bande
Leur multitude est grande
Vêtus de vert-de-gris
Ce sont nos maîtres – vous m'entendez
Vêtus de vert-de-gris
Ce sont nos maîtres nazis.
Occupant notre patrie
Menant la bonne vie
Ils ont pris et volé
Tout ce qu'on peut – vous m'entendez
Ils ont pris et volé
Tout ce qu'on peut manger.

Grands as du mouchardage
Fusillant nos otages
Ils veulent prendre nos gars
Pour les emmener – vous m'entendez –
Ils veulent prendre nos gars
Pour les emmener là-bas.

Mais un peu de patience
Ils quitteront la France
Vous ne les verrez plus
Ils sont déjà – vous m'entendez –
Vous ne les verrez plus
Ils sont déjà foutus.

Chanson diffusée par la BBC. Paroles: van Moppès

la complainte chanson populaire sur un sujet tragique

la multitude le grand nombre

vert-de-gris couleur des uniformes allemands

l'as (m) expert, spécialiste
le mouchardage espionnage, dénonciation
l'otage (m) *Geisel*
le gars (fam.) homme, garçon

ils sont foutus (fam.) ils ont perdu
van Moppès auteur de nombreuses chansons et de dessins diffusés depuis Londres par les forces libres

L'humour des occupés

On admire l'audace de Martini qui entre en scène, en faisant le salut hitlérien et, gardant le bras tendu, annonce:
«Jusque-là! Jusque-là! Nous sommes dans la merde jusque-là.»

Le même chansonnier lance à un soldat allemand qui n'arrive pas à enfiler la manche de sa capote:
«Hein! C'est difficile à passer, la Manche.»

la disette misère, famine, manque de nourriture

«Savez-vous quel est le comble de la disette pendant l'occupation?»
– [...]
– C'est de nourrir deux millions de vaches et de manquer de lait.»

On ne croit plus *«ce qui est écrit dans le journal»* et d'ailleurs beaucoup de bonnes gens ont pris l'habitude de dire à leur marchand: *«Donnez-moi le menteur»*, ce qui est une façon comme une autre de montrer que personne n'est dupe de ces feuilles aux nouvelles périmées, fausses ou dirigées.

Henri Amouroux, La vie des Français sous l'occupation, © Librairie Arthème Fayard 1990, tome 2, p. 245f.

le maréchal Pétain voir p. 10

Ode à Pétain

Ne vous amusez pas à lire tout le texte, seules les premières lettres de chaque vers sont intéressantes ... Ce n'est qu'en 1943, sur dénonciation, que l'auteur fût arrêté par la Gestapo pour «insulte au Führer» et incarcéré à la prison de Montluc à Lyon.

A notre Chef, le Maréchal Pétain

Maréchal ! Que ton nom soit gravé dans l'histoire
Et que dans tous les temps on l'entoure de gloire.
Rends à tous ces Français que tu voulus sauver
Du désastre complet qui pouvait arriver
Et l'amour du Devoir et la noble espérance
Pour que bientôt, par eux, revive notre France.

O ! Qu'une légion saine et forte à la fois
Unanime à répondre à l'appel de ta voix
Ranime dans nos rangs cet esprit d'autrefois

Honneur ! Patrie ! Ces mots étaient notre devise,
Ils le seront toujours, mais sans qu'on les divise
Travail ! Famille ! aussi doivent y figurer
Liant au fier passé notre droit d'espérer
Et nous verrons, demain, la Nation nouvelle
Relever de ses maux notre France immortelle

J. Clem.
St Etienne 1.1.1941.

Contrôle Visa SE 2256.
Tous droits réservés

Chapitre 4: Le régime de Vichy

4.1 La collaboration

Dès les débuts de l'occupation, beaucoup de Français attendent la Libération sans pour autant s'engager activement et essaient de s'arranger, d'organiser le quotidien. Mais il y a aussi des Français prêts à aider les nazis, à collaborer. Parmi les «collabos», comme on les appelle, beaucoup pensent sincèrement que jouer le jeu peut éviter des représailles encore plus dures. Du côté allemand, de toute façon, on est décidé à profiter au maximum des richesses de la France occupée. Les concessions faites pour éviter le pire sont donc bien illusoires.

éviter prévenir à

Le Front Populaire est un gouvernement de coalition des partis de gauche entre 1936 et 1938. Il a introduit de nombreuses réformes sociales, entre autres les congés payés, la semaine de 40 heures, la réglementation du droit du travail et la scolarité obligatoire jusqu'à 14 ans.

Plutôt Hitler que le Front Populaire

D'autres Français soutiennent Hitler parce qu'ils voient en lui une garantie contre les réformes sociales du précédent Front Populaire et l'influence du communisme. Certains industriels approuvent l'interdiction des syndicats et des partis de gauche et profitent de l'exclusion des Juifs. Ces Français ont déjà bien avant la guerre lancé le mot d'ordre: «*Plutôt Hitler que le Front Populaire*!» C'est dans cet esprit que Pierre Laval va jusqu'à souhaiter publiquement, lors d'un discours tenu le 22 juin 1942, la victoire d'Hitler «pour une nouvelle Europe».

précédent,e antérieur, passé

Pierre Laval (1883–1945), chef du gouvernement Pétain en 1942. Collaborationniste. Condamné et fusillé après la guerre.

La poignée de main de Montoire

En 1940, le maréchal Pétain présente la collaboration comme le moyen de préserver une certaine souveraineté de la France et serre la main à Hitler le 25 octobre 1940 à Montoire. Il déclare: «*C'est librement que je me suis rendu à l'invitation du Führer. Une collaboration a été envisagée entre nos deux pays. J'en ai accepté le principe. Cette collaboration doit être sincère. Elle doit être exclusive de toute pensée d'agression.*»
Cette poignée de main restera dans l'histoire comme le symbole de la collaboration prohitlérienne, anticommuniste et antisémite. La poursuite des Juifs et adversaires politiques

Philippe Pétain voir p. 10

La politique de Montoire

«Vous devez à présent croire ce que je vous ai dit des Anglais. Ils n'ont aucun sentiment généreux. Comme le répétait Paoli, ce ne sont que des mercantis.» DE QUI EST-CE? VOIR PAGE 3

Le Petit Parisien

50 cent. ÉDITION DE PARIS 50 cent.

SAMEDI 26 OCTOBRE 1940

24 OCTOBRE 1940

Une date dans l'histoire de la France et de l'Europe

QUATRE MOIS APRÈS L'ARMISTICE

LE MARÉCHAL PÉTAIN ET LE FÜHRER DU REICH ont eu, en zone occupée, un entretien décisif pour l'avenir de notre pays

M. VON RIBBENTROP ET M. PIERRE LAVAL ASSISTAIENT A CETTE RENCONTRE

Jeudi, le Führer a reçu le maréchal Pétain, chef de l'État français et président du Conseil des ministres. Le ministre des Affaires étrangères du Reich, M. von Ribbentrop, et le vice-président du Conseil, M. Pierre Laval, ont assisté à cet entretien.

ADOLF HITLER

LE MARÉCHAL PÉTAIN

sera en grande partie menée avec le concours actif de la police française. Parce que tous les policiers ne sont pas prêts à participer à ce «sale boulot», Vichy met sur pied la Milice, une police spéciale de 30 000 hommes, dirigée par Joseph Darnand et recrutée parmi les anciens soldats, aventuriers, criminels et escrocs.

un sale boulot travail honteux

Joseph Darnand (1897–1945), homme politique français, membre de la Waffen-SS, fondateur de la Milice en 1943. Au ministère de l'Intérieur en 1944. Condamné et fusillé en 1945.

Les nombreux aspects de la collaboration

En septembre 1941, à la suite de la déclaration de guerre allemande contre l'URSS, une organisation, la *Légion des Volontaires Français contre le Bolchévisme* (LVF), recrute 5 800 légionnaires français portant l'uniforme vert-de-gris de la Wehrmacht pour le front de l'Est.

Aux organisations officielles s'ajoutent les divers mouvements fascistes comme le *Parti Populaire Français* (PPF) de Jacques Doriot, le *Rassemblement National Populaire* (RNP) de Marcel Déat qui visent tous ouvertement à l'installation du national-socialisme en France et jugent le régime de Vichy trop modéré.

Jacques Doriot (1898–1945), opposant du Front Populaire. Directeur de journal collaborationniste. Codirigeant de la LVF. En Allemagne en 1945, décédé lors de bombardements.

Marcel Déat (1894–1955), ministre du Travail et Affaires sociales de Vichy. Fuit à la libération en Italie. Condamné à mort par contumace.

Les formes et les motifs de collaboration varient avec le secteur social: industriels peu scrupuleux ou individus désorientés, il y a une volonté d'arrangement vivable avec l'occupant dans toutes les couches de la société.

Ainsi, certains intellectuels cèdent également à la fascination du fascisme et se mettent au service de la collaboration. Citons entre autres: Abel Bonnard, Robert Brasillach, Pierre Drieu la Rochelle. Sans leur collaboration, la presse collaborationniste, ne pourrait trouver un tel succès. A la date du 6 novembre, son journal le plus lu, *«Je suis partout»*, présente en première page un article de Robert Brasillach intitulé *«Pour un fascisme français»*.

vivable supportable
la couche *hier: Gesellschaftsschicht*
céder se laisser séduire
tel,le *solche*

Départ de la Légion des Volontaires Français contre le Bolchévisme (LVF) pour le front de l'Est en 1941

Congrès du Rassemblement du Parti populaire (RPP) le 8 août 1942

Discours de Pierre Laval du 22 juin 1942

Pierre Laval voir p. 51

Pierre Laval choisit le 22 juin, jour anniversaire de l'agression allemande contre l'URSS, pour confirmer son collaborationisme inconditionnel.

Il faut que les ouvriers de France répondent à mon appel. J'ai des raisons graves pour le leur demander et ils doivent comprendre qu'il s'agit d'autre chose que de notre vie quotidienne. La France ne peut pas rester passive et indifférente devant l'immensité des sacrifices que l'Allemagne consent pour édifier une Europe dans laquelle nous devons prendre notre place.
C'est ma volonté de rétablir, avec l'Allemagne et avec l'Italie, des relations normales et confiantes. De cette guerre surgira inévitablement une nouvelle Europe. On parle souvent d'Europe. C'est un mot auquel, en France, on n'est pas encore très habitué. On aime son pays parce qu'on aime son village. Pour moi, Français, je voudrais que, demain, nous puissions aimer une Europe dans laquelle la France aura une place qui sera digne d'elle. Pour construire cette Europe, l'Allemagne est en train de livrer des combats gigantesques. Elle doit, avec d'autres, consentir d'immenses sacrifices et elle ne ménage pas sa jeunesse. Pour la jeter dans la bataille, elle va la chercher à l'usine et aux champs. Je souhaite la victoire de l'Allemagne, parce que sans elle, le bolchevisme, demain, s'installerait partout. Ainsi donc, comme je vous le disais le 20 avril dernier,

consentir accepter

rétablir reprendre

surgir sortir

digne d'elle qu'elle mérite

ménager *schonen*

nous voici placés devant cette alternative: ou bien nous intégrer, notre honneur et nos intérêts vitaux étant respectés, dans une Europe nouvelle et pacifiée, ou bien nous résigner à voir disparaître notre civilisation.
Cette guerre, je l'ai déjà dit, n'est pas une guerre comme les autres. C'est une révolution de laquelle doit surgir un monde nouveau. Vous n'avez rien à redouter, mais tout à espérer du régime qui s'instituera chez nous. Une république plus jeune, plus humaine, plus forte doit naître. Le socialisme s'instaurera partout en Europe et la forme qu'il trouvera en France sera dessinée par notre caractère national.

Publié dans *Le trait d'union* du 28 juin 1942

redouter craindre, avoir peur
s'instaurer s'installer

4.2 La «Révolution nationale»

Le régime de Vichy entend annuler les réformes sociales et la libéralisation des mœurs introduites par le Front Populaire qu'il rend responsable de la défaite. Celle-ci n'est pas selon lui une conséquence de la faiblesse militaire mais de la décadence de la IIIème République. Dans cette logique, l'occupation n'est que le symptôme d'une décadence et non sa cause. Pour sortir la France de cette crise profonde, le régime de Vichy propose le rassemblement des éléments «purs» autour des valeurs traditionnelles résumées dans sa devise «Travail, Famille, Patrie», qui remplace «Liberté, Égalité, Fraternité», héritage de la Révolution de 1789. Un virement radical vers l'idéologie nationaliste de droite a lieu dans tous les secteurs. Pétain réunit dès la mise en place de l'Etat Français en juillet 1940 tous les pouvoirs en sa personne.
Il se pose en sauveur de la nation et fait l'objet d'un culte populaire fascisant caractérisé par la soumission au «chef» et à la hiérarchie. Les adversaires sont la IIIème République et sa politique sociale du Front populaire, l'«anti-France», mais aussi les communistes, Juifs et francs-maçons.
Le système parlementaire, base de la démocratie républicaine, fait place au pouvoir central, le mot même de république disparaît du vocabulaire officiel et parfois des lieux publics et noms de rues. Les syndicats sont supprimés, ainsi que le droit de grève. Parmi les étudiants, médecins, avocats, commerçants, dans la banque et le spectacle, les Juifs sont exclus. Enfin, le régime se livre à une apologie de la France agricole, du «retour au sillon», contre la modernité «décadente» des villes. A l'exemple de

les mœurs les habitudes de vie
le Front Populaire voir p. 51
Le maréchal Pétain voir p. 10
la soumission *Unterwerfung*
le sillon *Scholle, Ackerfurche*

l'Allemagne, le sport se militarise et prend une valeur particulièrement importante pour former une jeunesse robuste et obéissante.

Affiche de propagande collaboriationiste, 1941

Affiche «Les deux maisons», 1941

Un «Notre Père» au Maréchal

Notre Père qui êtes
A notre tête
Que votre nom soit glorifié
Que votre règne arrive
Que votre volonté soit faite
Sur la terre pour qu'on vive.
Demeurez, sans retour,
Notre pain de chaque jour,
Redonnez
L'existence
A la France,
Ne nous laissez pas retomber
Dans le vain songe
Et le mensonge
Et délivrez-nous du mal
O Maréchal!

Cité par: Robert O. Paxton, La France de Vichy. 1940–1944, Seuil, Paris 1973, p. 149

le règne *Herrschaft*

vain,e *unnütz*
le songe *Traum*

délivrer *befreien*

4.3 La Relève et le STO

supplémentaire complémentaire
faire preuve de loyauté être honnête, loyal

contre leur gré contre leur volonté

Fritz Sauckel (1894–1946), à partir de 1942 responsable général pour la main-d'œuvre. Condamné à mort et pendu en 1946 à Nuremberg.

le barrage *Sperre*

le réfractaire personne qui refuse de partir au travail obligatoire en Allemagne

En 1940, la France compte 1 million de chômeurs pour une population de 41 millions. Le régime de Vichy cherche dans la collaboration économique en premier lieu une réduction du chômage, grâce à la création de secteurs d'emploi supplémentaires. Mais, en faisant preuve de loyauté envers l'occupant, il espère aussi être traité en partenaire et non en vaincu. Nous apprenons, par la bouche de Goering lui-même, que les nazis profitent impitoyablement de cette situation (voir citation p. 47) et organisent l'importation de main-d'œuvre étrangère sur une grande échelle.
Plus de 700 000 travailleurs civils français, ce qui correspond environ à 2 % de la population française ou 6 % des hommes en âge de travailler, sont amenés contre leur gré en Allemagne entre 1940 et 1944. En 1943, ils représentent avec 26,3 % le groupe le plus important de travailleurs civils étrangers masculins en Allemagne. Le recrutement se fait à partir d'agences réparties dans les deux zones. Le taux élevé de chômage offre dans les premiers mois des conditions favorables pour le recrutement. Mais bientôt, les contingents de volontaires ne suffisent plus à fournir la main-d'œuvre nécessaire et Fritz Sauckel propose à Pierre Laval un accord d'échange: les prisonniers de guerre français contre de la main-d'œuvre. Malgré sa mise en scène très médiatisée qui en fait une question de devoir patriotique, la «Relève» n'a pas le succès espéré.
Une loi institue donc en septembre 1942 l'obligation à la Relève, puis en 1943 le Service du travail obligatoire, le STO. L'introduction de la carte de travail en mai 1943 permet le recensement complet de toutes les personnes concernées. La chasse aux réfractaires s'intensifie grâce à une répression policière renforcée, des listes de recherche, des rafles dans les cinémas, cafés et gares et lors de barrages de rues. Les autorités de Vichy, son administration et notamment sa police sont de plus en plus impliquées dans la réquisition de main-d'œuvre. Les réfractaires ont deux possibilités pour y échapper: la fuite au «maquis» ou l'emploi dans un secteur de production travaillant pour l'occupant. L'introduction du STO est accompagnée de manifestations populaires tumultueuses. L'opinion publique rejette la contrainte et se retourne en réaction contre la politique de collaboration de Vichy. L'été 1943 marque un tournant pour l'organisation de la Résistance qui trouve de plus en plus d'appui dans la population.

①

Brochure de propagande pour la relève

fauché,e (fam.) sans argent – **traqué,e** *in die Enge getrieben* – **le moine** *Mönch* – **gâché,e** *verdorben* – **l'apéro** *(m, fam.) alkoholisches Getränk* – **l'élucubration** (f) *Hirngespinst* – **le bobard** *Lügenmärchen* – **conscient,e** *aufgeklärt* – **à la tienne!** *auf dein Wohl!*

②

revêche (m, f) *verschlossen* – **le pote** (fam.) ami – **embarrassé,e** *hilfsbedürftig* – **la dinde truffée** *getrüffelte Pute* – **copieux,se** *reichlich* – **la belotte** *Kartenspiel*

③

le congé payé *bezahlter Urlaub* – **induire en erreur** tromper; *irreführen* – **dégonflé,e** (fam.) *mutlos*

Brochure de contre-propagande sur le modèle de la précedente à laquelle elle répond

La Mésaventure de Célestin Tournevis

Ceci est la véridique histoire de Célestin Tournevis, «pionnier de la relève», et de sa triste fin. Ouvriers français, méditez-la !

Juillet 1942. Le traître Laval livre au bourreau Hitler les ouvriers pour l'Allemagne, comme esclaves et comme otages.

Depuis des mois tout avait augmenté… sauf la paye. Laval a fermé les usines. Pauvre Célestin Tournevis ! Pas un sou en poche, et le chômage.

Marianne est sous la botte et la schlague boches. Le gouvernement interdit à Tournevis de se faire embaucher en France. De belles affiches payées très cher l'invitent au

Malgré l'avis des « RÉSISTANTS » et des consignes de COMBAT Célestin Tournevis part pour la relève. Les bruits des rails lui murmurent un refrain qu'il ne comprend pas bien encore… Mais bientôt, son enthousiasme fond sous les bombes de la R.A.F. qui n'épargne pas les convois d'esclaves.

Célestin s'attendait à être fêté à son arrivée. Mais quoi ? Les familles mettent à l'index ce Français qui fait durer la guerre et fait envoyer leurs fils en Russie se faire casser la gueule.

Les prisonniers rencontrés dans les commandos ne cachent pas leur façon de penser à celui qui pactise avec leurs geôliers et retarde la date de la vraie libération.

Pauvre Célestin Tournevis ! Il ne comprend plus rien à rien. Les mandats? Ses marks lui suffisent à peine pour vivre. La relève? Un train d'éclopés qui, en trois mois, est rentré en France.

Dix et douze heures par jour parfois même le dimanche (où sont tes quarante heures, Célestin Tournevis?) Tournevis, morne, forge sa chaîne qui le retiendra là-bas.

Et puis pas même une chambre à soi ; des dortoirs, comme au régiment. On bouffe des clous. Qui donc se tape tout le beurre qu'ils nous volent en France? Hitler et sa clique, tiens, grand nigaud.

S'il fait mine de se ralentir (Tiens, il ne faut quand même pas leur en donner de trop, des tanks et des avions) les arguments décisifs le remettent au travail illico.

Mais petit à petit, Célestin Tournevis comprend. Il comprend la trahison dont il a été victime, l'odieux travail auquel on le rive et qui doit assurer la domination nazie. Alors, insensiblement, il ralentit sa production, il travaille moins bien, il laisse des pailles dans les soudures. Un jour, il a dit Merde au contremaître… Pauvre Célestin Tournevis ! Cela n'a pas été long. Le garde-chiourme de service a vite « réglé » à sa manière le petit métallo français qui ne comprenait rien à la relève.

véridique (m, f) vrai,e – **le bourreau** *Henker* – **l'otage** (m, f) *Geisel* – **la schlague** (fam.) les coups de fouet – **réembaucher** *wieder einstellen* – **les rails** *Gleise* – **fondre** *schmelzen* – **R.A.F.** Royal Air Force – **épargner** *hier: verschonen* – **faire durer** *verlängern* – **le geôlier** gardien du prison – **l'éclopé** (m, fam.) invalide – **morne** (fam.) triste – **forger** *schmieden* – **le dortoir** *Schlafraum* – **bouffer** (fam.) manger – **le clou** *Eisennagel* – **le nigaud** *Dummkopf* – **faire mine de** faire semblant – **illico** rapidement – **la trahison** *Verrat* – **odieux,se** *abscheulich* – **river** tenir de force – **insensiblement** lentement – **la paille** *hier: Verunreinigungen* – **la soudure** *Lötstelle* – **le contremaître** *Aufseher* – **le garde-chiourne** *Antreiber* – **le métallo** *Metallarbeiter*

4.4 Les camps de Vichy

Des camps à fonction multiple

Les camps d'internement sont associés au régime de Vichy et à l'occupation nazie. Nombre d'entre eux ont été pourtant ouverts avant la guerre. Et la plupart existent encore à la Libération.
Entre février 1939 et mai 1946, environ 600 000 personnes sont internées dans plus de 200 camps en France et en Afrique du Nord. La diversité des personnes internées est, analysée de plus près, étonnante: avant la guerre, des réfugiés espagnols, allemands et autrichiens, pendant la guerre, des communistes, des Juifs et des Tsiganes, puis après la Libération des collaborateurs.
En mars 1939, après la victoire de Franco en Espagne, des milliers de républicains espagnols et les membres des Brigades internationales réfugiés en France sont internés dans les camps. Ensuite, des prostituées, des proxénètes, des trafiquants de marché noir et des droit-commun, des «étrangers indésirables», Juifs et réfugiés, et en 1945 des civils allemands.

les Tsiganes *Roma und Sinti*

Les Brigades internationales organisation internationale de volontaires combattant aux côtés des républicains durant la guerre civile espagnole (1936–1939).

Les républicains espagnols sont les premiers

Le premier camp, celui de Rieucros en Lozère, est ouvert pour accueillir très précairement quelques-uns des 350 000 réfugiés espagnols à leur arrivée début 1939. Entre la mi-mars et la fin avril est construit en six semaines le camp de Gurs dans les Pyrénées-Atlantiques, prévu pour six mois et encore utilisé à la Libération. Après de nombreux rapatriements vers l'Espagne mais aussi 8 000 déportations en Allemagne, la plupart des 130 000 réfugiés espagnols restent internés ou sont mis à contribution pour la défense de la France.
En septembre 1939, c'est l'internement de 18 000 à 20 000 ressortissants allemands et autrichiens résidant en France, tous réfugiés politiques, dont beaucoup sont juifs, qui avaient fui la persécution dans leurs pays d'origine en pensant trouver en France une terre d'asile.
Citons également les premiers internés communistes dès août 1940. Vichy réduit par la suite les effectifs de ces camps par un tour de passe-passe: en septembre 1940, il transfère 40 000 étrangers dans des camps de travail.

le proxénète *Zuhälter*
le droit-commun *gewöhnlicher Strafgefangener*
précairement dans des conditions primitives

le rapatriement *Rückführung*

le ressortissant citoyen

le tour de passe-passe *Taschenspielertrick*

Sous contrôle français

L'administration de Vichy cherche à affirmer autant que possible la souveraineté de l'État français face à l'occupant, quitte à prendre en charge lui-même les mesures répressives. C'est ainsi que

quitte à même s'il faut

pratiquement tous les camps sont sous contrôle français. Le dispositif répressif nazi intervient pour la première fois en octobre 1940 avec l'ordre d'interner les Tsiganes de la zone nord. Cette mesure prise par l'occupant n'est en réalité que la continuation d'une politique d'exclusion menée envers cette communauté depuis la fin du 19ème siècle. Elle se poursuit même au-delà du conflit, puisque les quelques 3000 Tsiganes internés depuis octobre 1940 ne seront libérés qu'en 1946. Les Tsiganes en France échappent à la déportation, car, une fois placés sous surveillance, les autorités d'occupation les oublient. Il n'en reste pas moins que leurs conditions d'internement sont dramatiques.

L'internement des Juifs

L'internement des Juifs répond à une volonté politique bien différente. Dès 1941, à la suite de trois grandes rafles à Paris, des milliers de Juifs étrangers et français se retrouvent derrière les grilles des camps de Pithiviers, Beaune-la-Rolande et Drancy. Les nazis organisent les premières déportations en 1942 à titre de représailles contre les débuts de la résistance armée en France et l'entrée en guerre de l'Union soviétique. Pour eux, un prétendu complot «judéo-bolchévique» menaçait l'Allemagne. Par la suite, la déportation fait partie du programme de la «Solution finale». Le 22 juin 1941, date d'entrée en guerre de l'Union soviétique contre l'Allemagne, les autorités d'occupation commencent à s'intéresser également aux communistes, et beaucoup sont déportés dans les camps en Allemagne.

Les conditions de vie

Bien que cruelles, les conditions de vie dans les camps français ne sont pas comparables à celles des camps de la mort nazis. L'état de sous-alimentation extrême est à l'origine de nombreuses maladies et décès, le plus souvent causées par un ravitaillement insuffisant. Alimentation, mais aussi hygiène, éducation, aide à l'émigration ou libération prioritaire des enfants, les œuvres juives et chrétiennes apportent un appui moral et matériel exceptionnel. En revanche, l'église catholique officielle reste très discrète jusqu'en 1943.

Transfert vers les camps de la mort

Le printemps 1942 marque le début de la «Solution finale». Les camps sont utilisés à partir de cette date pour regrouper les Juifs avant leur transfert en Pologne où ils sont exterminés. Les autres catégories d'internés servent, dans un contexte de guerre mondiale, à soutenir l'effort de guerre allemand, sur les chantiers de construction des blockhaus de la côte atlantique ou en Allemagne.

la rafle arrestation

Pithiviers commune à 50 km au sud de Paris
Beaune-la-Rolande commune voisine de Pithiviers
Drancy commune de la banlieue nord de Paris; camp principal de transfert vers les camps de la mort dans l'Est

le ravitaillement produits alimentaires

l'appui (m) l'aide

le blockhaus *Bunker*

Reinhard Heydrich (1904–1942). Dirigeant de la SS. Président de la Conférence de Wannsee qui décide en 1942 la «Solution finale». Bras droit de Hitler jusqu'à son assassinat par des partisans tchèques.

Serge Klarsfeld né en 1935 en Roumanie. Historien, écrivain et avocat de la cause des déportés en France. Rôle important dans les procès de Klaus Barbie et de Maurice Papon.

La participation française aux déportations fait l'objet d'un accord entre Pierre Laval et Reinhard Heydrich. Les camps changent de fonction. Serge Klarsfeld dénombre pour l'ensemble de la France 76 000 Juifs déportés, dont 2 500 survivront. Le nombre de 10 000 déportations à partir de la zone sud, avant son occupation en novembre 1942, est de la seule responsabilité de Vichy.

Carte des principaux camps en France

Les enfants dans les camps

Georges Wellers chef de laboratoire à la faculté de médicine de Paris; interné à Drancy de juin 1942 à juin 1944

Dans la deuxième moitié du mois d'août 1942, on amena à Drancy quatre mille enfants sans parents. Ces enfants avaient été arrêtés avec leurs parents le 16 juillet. Deux jours plus tard, les parents et les enfants avaient été envoyés de Paris au camp de Pithiviers. Là, on sépara les enfants des parents. [...] Ces enfants étaient âgés de deux à douze ans. On les déchargea des autobus au milieu de la cour comme des petites bestioles. Les autobus arrivaient avec des agents sur les plates-formes, les barbelés étaient gardés par un détachement de gendarmes. La majorité des gendarmes ne cachaient pas leur sincère émotion devant le spectacle, ni le dégoût pour le travail qu'on leur faisait faire. [...]

Les enfants ne restèrent pas longtemps à Drancy. Deux ou trois jours après leur arrivée, la moitié quittait le camp pour la déportation, mélangés à cinq cents grandes personnes étrangères. Deux jours plus tard, c'était le tour de la seconde moitié. [...]

Le jour de la déportation, les enfants furent réveillés à cinq heures du matin, et on les habilla dans la demi-obscurité. Il faisait souvent frais à cinq heures du matin, mais presque tous les enfants descendirent dans la cour très légèrement vêtus. Réveillés brusquement dans la nuit, morts de sommeil, les petits commencèrent à pleurer, et, petit à petit, les autres les imitaient. Ils ne voulaient pas descendre dans la cour, se débattaient, ne se laissaient pas habiller. [...] Alors on appela les gendarmes qui descendirent sur leurs bras les enfants hurlant de terreur.

Dans la cour, ils attendaient leur tour d'être appelés, souvent en répondant mal à l'appel de leur nom; les aînés tenaient la main des petits et ne les lâchaient plus. Dans chaque convoi, il y avait un certain nombre d'enfants qu'on ajoutait pour terminer: c'étaient ceux dont les noms étaient inconnus. Ces derniers

16 juillet 42 rafle du Vél' d'Hiv' (voir p. 40)
Pithiviers petite ville au sud de Paris
décharger *abladen*
la bestiole petite bête, insecte

le barbelé *Stacheldraht(zaun)*
le détachement groupe
le dégoût aversion, horreur

la demi-obscurité *Halbdunkel*

mort de sommeil *schlaftrunken*

se débattre se défendre

hurler crier très fort
la terreur l'angoisse, la peur très forte

l'ainé,e plus âgé

Adolescent à Auschwitz

douteux,se incertain

le bambin le petit enfant

supporter le voyage ici: survivre au voyage, rester en vie

étaient marqués sur la liste par des points d'interrogation. Cela n'avait pas beaucoup d'importance: il est douteux que la moitié des malheureux bambins ait pu supporter le voyage, et les survivants étaient sans doute tués dès leur arrivée.

Extrait de: Georges Wellers, De Drancy à Auschwitz, Centre de Documentation Juive Contemporaine, © Librairie Arthème Fayard 1973

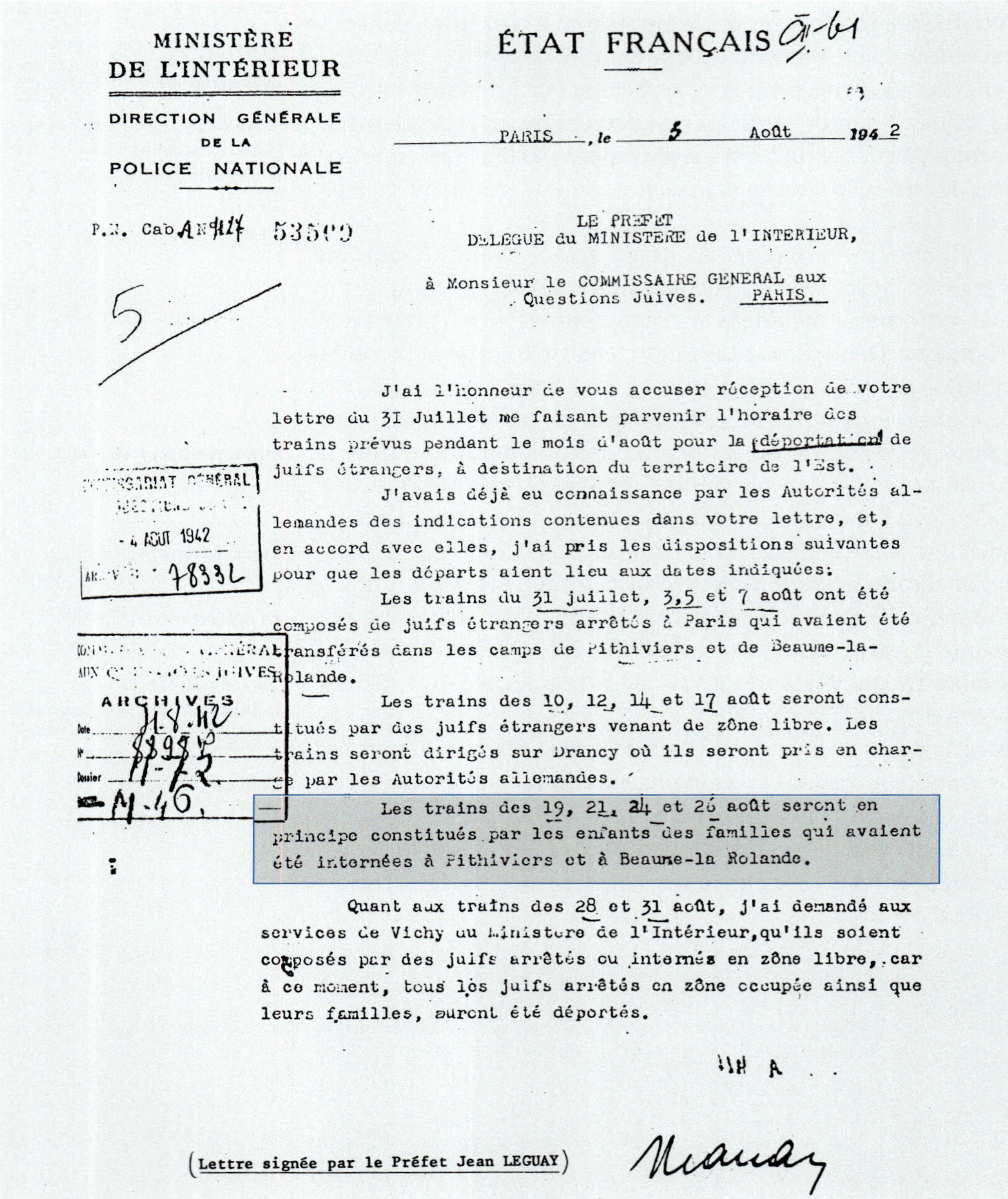

MINISTÈRE DE L'INTÉRIEUR

DIRECTION GÉNÉRALE DE LA POLICE NATIONALE

ÉTAT FRANÇAIS

PARIS, le 5 Août 1942

P.N. Cab A N° 9127 53509

LE PREFET DELEGUE du MINISTERE de l'INTERIEUR,

à Monsieur le COMMISSAIRE GENERAL aux Questions Juives. PARIS.

J'ai l'honneur de vous accuser réception de votre lettre du 31 Juillet me faisant parvenir l'horaire des trains prévus pendant le mois d'août pour la déportation de juifs étrangers, à destination du territoire de l'Est.

J'avais déjà eu connaissance par les Autorités allemandes des indications contenues dans votre lettre, et, en accord avec elles, j'ai pris les dispositions suivantes pour que les départs aient lieu aux dates indiquées:

Les trains du 31 juillet, 3, 5 et 7 août ont été composés de juifs étrangers arrêtés à Paris qui avaient été transférés dans les camps de Pithiviers et de Beaune-la-Rolande.

Les trains des 10, 12, 14 et 17 août seront constitués par des juifs étrangers venant de zône libre. Les trains seront dirigés sur Drancy où ils seront pris en charge par les Autorités allemandes.

Les trains des 19, 21, 24 et 26 août seront en principe constitués par les enfants des familles qui avaient été internées à Pithiviers et à Beaune-la Rolande.

Quant aux trains des 28 et 31 août, j'ai demandé aux services de Vichy du Ministère de l'Intérieur, qu'ils soient composés par des juifs arrêtés ou internés en zône libre, car à ce moment, tous les juifs arrêtés en zône occupée ainsi que leurs familles, auront été déportés.

(Lettre signée par le Préfet Jean LEGUAY)

Courrier officiel concernant «la solution finale de la question juive» en France. L'encadré concerne spécialement le sort des enfants internés.

III. Résistance

Chapitre 1: L'action

1.1 Les débuts

En automne et en hiver 1940, la grande majorité des Français est hostile aux Allemands qui occupent le pays, mais très peu, quelques centaines d'hommes et de femmes seulement, participent à la résistance active. De petits groupes se forment à différents endroits et appellent à la résistance. Les deux premiers grands appels, qui touchent la France entière et même au-delà, sont celui du général de Gaulle du 18 juin et celui du Parti Communiste Français (PCF) de juillet 1940. Ils datent donc du début de l'occupation et expriment déjà les deux courants de la Résistance, qui, pour libérer la France, proposent deux chemins différents. De Gaulle lance le sien de Londres et trouve d'abord beaucoup moins d'écho en France qu'en Angleterre. Il compte surtout sur les alliés de la France pour aider à la libération et appelle ses compatriotes à l'étranger à rejoindre en Angleterre les *«Forces Françaises Libres»* regroupées au sein des troupes alliées. Les communistes par contre, qui distribuent leur appel clandestinement dans toute la France, comptent surtout sur la résistance du peuple et les actions contre l'occupant en France même.

général de Gaulle voir p. 22

clandestin,e secret, illégal

Ces différences n'empêchent pas de nombreux partisans du général de Gaulle de prendre une part active à la Résistance intérieure et les deux Résistances, en France et hors de celle-ci, s'associent en une série d'actions intenses pour libérer le pays.

La B.B.C., la radio de Londres, diffuse des émissions en langue française comme *«Les Français parlent aux Français»*, pour informer, mobiliser et donner espoir. Très connues sont par exemple les chansons de van Moppès qui ridiculisent l'occupant et appellent à la résistance (voir pp. 52 et 78). En France, la presse et les radios sont soumises à la censure. Il est strictement interdit – comme en Allemagne – d'écouter la B.B.C., ce qui n'empêche pas la majorité de la population de le faire. Un phénomène tellement répandu, que les rues se vident aux heures de transmission.

ridiculiser se moquer de qn, rendre ridicule

Paul Langevin, physicien, ses activités antifascistes lui valent d'être arrêté le 30 octobre 1940. Son arrestation est à l'origine de la première manifestation anti-allemande, le 11 novembre 1940 (voir p. 70).

Pierre Brossolette, journaliste, résistant, arrêté en 1944, après deux jours et demi d'interrogatoire, il profite de l'inattention de ses tortionnaires pour se suicider en sautant par la fenêtre.

Frédéric et Irène Joliot-Curie, résistants, physiciens célèbres. Ils ont obtenu, en 1935, le prix Nobel pour leurs recherches sur la radioactivité. Irène est la fille de Pierre et Marie Curie, qui ont découvert le radium au début du 20ème siècle.

le cheminot ouvrier qui travaille dans les chemins de fer
le mineur ouvrier qui travaille dans une mine

Parmi les premiers résistants français, il faut nommer les élèves du lycée Buffon à Paris qui distribuent des tracts et organisent des manifestations. Ils seront fusillés en 1943 à la suite d'une dénonciation. Parmi les résistants de la première heure on trouve aussi des enseignants et scientifiques comme Paul Langevin, Pierre Brossolette, Frédéric et Irène Joliot-Curie et tant d'autres, qui s'opposent de longue date à la montée du fascisme en Europe. Ce sont aussi des ouvriers, cheminots et mineurs, avec une concentration dans les mines du Nord/Pas-de-Calais. Dès septembre 1940, plusieurs mouvements de grève ont lieu pour

L'appel du 18 juin

l'augmentation des salaires, pour l'amélioration des conditions de travail, mais aussi au nom de la sauvegarde des droits et libertés. En mai/juin 1941, malgré de nombreuses arrestations parmi les mineurs, qui sont fusillés ou déportés dans les camps allemands, une grande grève éclate qui est largement suivie dans tout le bassin minier.

le bassin minier région minière

Malgré cette importante mobilisation ouvrière dans le Nord, la résistance sur le territoire français n'en est en 1940 qu'à ses débuts: les initiatives sont sporadiques, les différentes actions ont bien déjà le même but, mais elles ne sont pas encore coordonnées.

l'Humanité

PEUPLE DE FRANCE!

La France meurtrie, douloureuse, trahie par ses dirigeants, subit la rançon de la défaite. [...] Le Peuple de France connaît l'humiliation de l'occupation et ne se sent pas chez lui. [...]

La France, encore toute sanglante, veut vivre libre et indépendante. Jamais un grand peuple comme le nôtre ne sera un peuple d'esclaves. [...] La France ne deviendra pas une sorte de pays colonisé. [...] La France doit se relever, elle se relèvera; il le faut, dans l'intérêt même de la fraternité des peuples, que, de toutes nos forces, nous voulons. [...]

Qui peut relever la France? C'est la question qui se pose. Ce ne sont ni les généraux battus, ni les affairistes, ni les politiciens tarés qui peuvent relever la France; ils ne sont bons qu'à la trahir et à la vendre. Ce n'est pas dans les milieux corrumpus du capitalisme que peuvent se trouver les éléments de la renaissance nationale. C'est dans le peuple que résident les grands espoirs de libération nationale et sociale. [...]

Le peuple de France ne se laissera pas faire. A la ville, dans les campagnes, dans les usines, dans les casernes doit se former le front des hommes libres contre la dictature. [...] A la porte le gouvernement de Vichy! [...]

C'est un tout autre gouvernement qu'il faut à la France. Un gouvernement que l'unité de la nation rendra possible demain; un gouvernement du peuple, tirant sa force du peuple, du peuple seul et agissant exclusivement dans l'intérêt du peuple. [...]

Au nom du Comité Central du
Parti Communiste Français:

MAURICE THOREZ JACQUES DUCLOS

L'appel du Parti communiste

La manifestation du 11 novembre 1940

Le Comité des intellectuels antifascistes comité fondé dans les années trente par des scientifiques et des écrivains pour s'opposer à la montée du fascisme en Europe
en dépit de malgré
U.N.E.F. Union Nationale des Etudiants de France (syndicat étudiant)

ancien combattant ici: vétéran de la 1ère guerre mondiale

fuser se faire entendre tout à coup
le cortège ici: groupe de manifestants
hurler crier très fort
jaillir apparaître tout d'un coup
le convoi ici: groupe de véhicules
la rue transversale rue qui en croise une autre
déverser répandre
foncer arriver par la force
la mitrailleuse arme automatique à tir rapide
en batterie l'une à côté de l'autre
matraquer donner des coups de bâton
la crosse manche du fusil
la grappe ici: petit groupe
bâché,e couvert par une grosse toile, une bâche
exaspéré,e énervé, furieux

pointer faire contrôler la présence

révoquer licencier, renvoyer

A Paris, le 30 octobre 1940, au sortir de son cours, le professeur Langevin, l'un des plus éminents physiciens français, est arrêté. Il a fait partie du Comité des intellectuels antifascistes. L'Université française réagit. Le 8 novembre, puis le 11 novembre surtout, les étudiants et les lycéens, en dépit des interdictions, manifestent. En fin d'après-midi, la manifestation des étudiants se heurte aux Allemands. François de Lescure, responsable U.N.E.F., l'a raconté:
«À 17 heures exactement, témoigne François de Lescure, un cri énorme: «Vive la France!», éclate à hauteur du cinéma Georges-V, sur le trottoir de droite que remontent de nombreux groupes de jeunes. On chante *La Marseillaise*. Il y a, dans la foule, des anciens combattants. *La Marseillaise* éclate à nouveau, suivie du *Chant du départ*, puis de «Vive la France!», «A bas Pétain!», «A bas Hitler!». Nous ne sommes d'abord que quelques-uns à crier. Mais bientôt les cris fusent de partout et nous sommes étonnés de voir à quel point le cortège grossit. Coups de sifflets, des ordres hurlés en allemand. L'arme au poing, des S.S. jaillissent du cinéma Le Biarritz, des convois allemands débouchent des rues transversales et déversent des soldats sur la place de l'Étoile, des voitures chargées d'hommes en armes foncent sur les trottoirs pour couper les cortèges. Les mitrailleuses sont mises en batterie sur la chaussée. Les Allemands matraquent et chassent les manifestants à coups de crosse de fusil. La manifestation continue, tous les étudiants se battent. On chante *La Marseillaise*. Par grappes, les étudiants sont embarqués dans des camions bâchés. Ceux qui échappent à l'arrestation se regroupent encore. Exaspérés, les nazis tirent. Ils assassinent une dizaine de jeunes – on en ignore encore le nombre exact – et en blessent davantage encore. Il y a une centaine d'arrestations. La chasse à l'homme continuera tard dans la nuit.» […]
L'Université et les grands lycées de Paris sont fermés, par décision de Vichy. Les étudiants inscrits seront obligés de pointer tous les jours dans leur commissariat, le recteur Roussy est révoqué. Vingt-sept étudiants sont arrêtés par la police française.

D'après: Henri Noguères, Histoire de la Résistance – T5, Editions Robert Laffont, Paris 1981, tome 1, p. 179

1.2 Les moyens

Les actions de la Résistance sont dès le début d'une très grande diversité. À côté des manifestations et des grèves, soulignons l'importance de la presse clandestine, de ces petits journaux et tracts que les différents mouvements fabriquent et distribuent dans des conditions difficiles et souvent au péril de leur vie. Toute modeste d'aspect qu'elle soit, cette presse est la seule capable de contredire la propagande nazie et joue un rôle très important.

Résister par tous les moyens

Chacun devait résister selon ses moyens: refuser, dans la rue, de parler allemand; protester, dans un cours, contre la propagande raciste; aider à distribuer un tract, cacher un résistant poursuivi. Beaucoup de poètes français n'hésitent pas à mettre leur art au service de la Résistance: protester contre l'injustice, donner espoir, chanter la liberté est aussi efficace – et aussi dangereux – que d'autres formes d'action contre l'occupation. À côté de poètes connus comme Louis Aragon, Paul Eluard, Pierre Emmanuel, Robert Desnos, René Char, Max-Pol Fouchet, Max Jacob, Jean Bruller (alias Vercors), qui publient leurs œuvres clandestinement et souvent sous de faux noms, il y a une multitude de poètes inconnus ou anonymes qui traduisent en poèmes l'expérience quotidienne du malheur, notamment dans les camps de concentration, et leur soif d'un avenir meilleur.

Louis Aragon voir p. 94
Paul Eluard voir p. 83

Sabotage de la production nazie

Dans les usines qui travaillent pour la production de guerre allemande, la Résistance appelle à des sabotages. A. Tollet cite un de ces appels dans son ouvrage: La classe ouvrière dans la Résistance (Paris, 1969): «*Plus un outil ne doit couper, plus une machine ne doit tourner, plus un cerveau ne doit penser, plus rien, provenant de nous ne doit servir à Hitler et à sa bande d'assassins.*» Le sabotage dans les usines de produc-

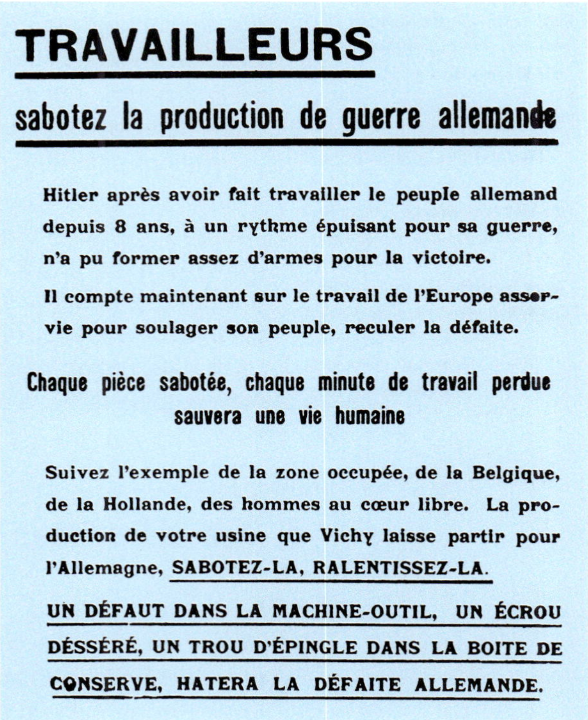
TRAVAILLEURS

sabotez la production de guerre allemande

Hitler après avoir fait travailler le peuple allemand depuis 8 ans, à un rythme épuisant pour sa guerre, n'a pu former assez d'armes pour la victoire.

Il compte maintenant sur le travail de l'Europe asservie pour soulager son peuple, reculer la défaite.

Chaque pièce sabotée, chaque minute de travail perdue sauvera une vie humaine

Suivez l'exemple de la zone occupée, de la Belgique, de la Hollande, des hommes au cœur libre. La production de votre usine que Vichy laisse partir pour l'Allemagne, SABOTEZ-LA, RALENTISSEZ-LA.

UN DÉFAUT DANS LA MACHINE-OUTIL, UN ÉCROU DÉSSÉRÉ, UN TROU D'ÉPINGLE DANS LA BOITE DE CONSERVE, HATERA LA DÉFAITE ALLEMANDE.

tion pour l'occupant, mené par des Français qui y travaillent et connaissent leurs machines, est préférable aux bombardements alliés visant ces mêmes usines. Les sabotages sont plus efficaces, causent moins de dégâts et surtout mettent moins de vies humaines en péril. Ralentir la production de guerre, hâter la défaite allemande, c'est aussi le but des fréquents déraillements de trains, sabotages de pylônes électriques et de ponts en France occupée.

le dégât destruction, dommage
le péril danger
hâter qc accélérer qc, faciliter
le déraillement accident de chemin de fer, le train quitte ses rails
le pylône électrique construction pour supporter des câbles électriques

Une question conflictuelle

Il y a un débat à l'intérieur de la Résistance autour de la question des assassinats de soldats allemands dans la rue. En effet, pour venger ces actes anonymes, les Allemands prennent des otages parmi la population qui doivent ainsi payer de leur vie des actes que d'autres ont commis. Cette forme d'action n'a donc pas l'unanimité parmi les résistants. D'autres, par contre, y sont prêts dans des cas exceptionnels comme c'est le cas pour le «Colonel Fabien», qui assassine un officier allemand dans le métro, à la station Barbès, le 21 août 1941.
Si leurs formes d'action sont bien différentes, tous les résistants risquent la déportation ou la mort, que ce soit pour avoir fait dérailler un train ou distribué un tract. Par des affiches, comme la très célèbre *Affiche Rouge*, la propagande nazie essaie de représenter les résistants, qu'elle appelle d'ailleurs «terroristes», comme des criminels dangereux.
Une fausse carte d'alimentation, une cachette où des amis pourront le nourrir qui risquent ainsi les peines les plus lourdes, une discrétion rigoureuse vis-à-vis des inconnus, de grandes précautions pour les rendez-vous sont vitales. Les déguisements les plus osés, les astuces du camouflage (une imprimerie clandestine au cœur d'une usine), les procédés employés pour faire passer un message clandestin (sous la forme d'un prospectus de tourisme), la présence d'esprit face à une situation imprévue, des évasions de prison ou d'un camp, tout nous semble, aujourd'hui, sortir d'un roman policier ou d'aventure. À l'époque, c'est de l'efficacité de telles mesures que dépend vie d'homme.

l'assassinat (m) meurtre

Colonel Fabien (1919–1944), résistant communiste, membre des Brigades Internationales (voir p. 67) et des F.T.P.F.

Francs tireurs et partisans français (F.T.P.F.) est un mouvement de résistance armée créé en France à la fin de 1941 par la direction du Parti communiste français.

l'Affiche Rouge voir pp. 93 et 94

vital,e d'une grande importance pour rester en vie
le déguisement *Verkleidung*
l'astuce (f) finesse, adresse à tromper qn
le camouflage déguisement
l'imprimerie (f) atelier où l'on imprime des livres, des journaux, des tracts
l'évasion (f) fuite

Des terroristes? – Quatre points de vue

I.

Ce qui est sûr, en tous cas, c'est que les sabotages et encore plus directement les attentats ont empêché les nazis de transformer notre pays en une sorte de base de repos, – «repos du guerrier» bien sûr – pour leur armée. Harcelée sur le front de l'Est, la Wehrmacht n'a pu trouver en France l' «Hinterland» où se refaire des forces et un moral en dehors de la guerre. Grâce à qui? Grâce à ceux que l'on appelait les «terroristes» et dont beaucoup furent tout simplement des héros; d'autant plus des héros qu'il n'était pas facile de se changer en «terroriste»...

Alain Guérin (éd.), La Résistance - Chronique illustrée 1930–1950, Livre Club Diderot, Édition du Cinquantenaire, 1973

le guerrier (vieilli) soldat
harceler poursuivre et attaquer sans cesse

II.

Il n'est pas simple de passer des distributions de tracts clandestins, de l'organisation des grèves, de manifestations et même de coupures de câbles et de sabotages, à la guérilla. Sur le front les choses sont très différentes, mais aller le soir dans une rue de Paris, attendre seul un officier ou un soldat nazi et l'exécuter, il faut comprendre ce que cela représente pour un jeune de dix-huit ans, comme pour n'importe quel homme. Cette lutte était d'autant plus difficile que la majorité de la population ne la comprenait pas encore et, dans sa grande masse, à ce moment précis, condamnait les actions des francs-tireurs. «Qu'ils tuent des soldats allemands, s'ils le veulent, mais qu'ensuite, ils se rendent à la Kommandantur pour se dénoncer» disaient beaucoup de gens à cette époque.

Albert Ouzoulias, Les Bataillons de la Jeunesse, Editions Sociales, Paris 1972

se dénoncer s'accuser

III.

«Et puis, quoi, nous n'imaginions pas pouvoir aller froidement vers un gars et lui planter comme ça un couteau dans le dos ou lui loger une balle dans la nuque... Oui, nous, on était d'accord pour faire dérailler les trains, faire sauter les ponts, faire des actions qui fassent du mal à l'armée allemande, mais tuer comme ça froidement, ça nous paraissait impensable ... Nous en avons longuement parlé.»

Alain Guérin (éd.), La Résistance - Chronique illustrée 1930, Livre Club Diderot, Édition du Cinquantenaire, 1973

le gars (fam.) homme
planter ici: mettre
loger une balle ici: tirer une balle

IV.

A Tony Bloncourt, jeune communiste du XIème arrondissement de Paris, on demandera pourquoi, au métro Bastille, en août 1941, il avait sorti son revolver, l'avait appuyé dans le dos d'un officier nazi et n'avait pas tiré. Tony dira: «Je ne sais pas ce que j'ai eu. A cette minute, à ce moment précis, je n'ai plus vu un officier allemand, je n'ai vu qu'un homme ...» Tony Bloncourt fut fusillé au Mont-Valérien le 9 mars 1942, à l'âge de vingt ans.

Albert Ouzoulias, Les Bataillons de la Jeunesse, Editions Sociales, Paris 1972

le Mont Valérien Colline à l'ouest de Paris. Le Fort du Mont Valérien fut le lieu de nombreuses exécutions de résistants. Un Mémorial s'y trouve aujourd'hui.

La chanson des V

désespérer perdre l'espoir
avoir qn ici: battre qn, gagner contre qn
chantonner chanter à petite voix

Il ne faut pas désespérer, on les aura!
Il ne faut pas vous arrêter de résister!
N'oubliez pas la lettre V!
Ecrivez-la, chantonnez-la V, V, V, V!

…

le pavé *Straßenpflaster*
faire endêver (vielli, fam.) faire enrager
le doryphore *Kartoffelkäfer,* ici: les Allemands
remords regrets

Sur les murs et sur les pavés, faites des V!
Et vous pouvez faire endêver les doryphores!
Et sans remords, et sans danger
Vous sifflerez et chanterez V, V, V, V!

Chanson (de van Moppès) appelant à la Résistance, diffusée par la B.B.C.

Un train pour Toulouse

périlleux,se dangereux,se
bondé,e rempli,e à l'extrême
la destination le but
dérailler quitter les rails
réquisitionner *beschlagnahmen*
atteler attacher

Voyager en France en cette année 1943, c'était à la fois périlleux et fatiguant: les trains bondés avaient des heures de retard, quand ils arrivaient à destination. Il pouvait se faire qu'ils déraillent à la suite d'un attentat, lorsque la Wehrmacht avait réquisitionné quelques wagons pour ses soldats. Leurs voitures étaient toujours attelées au milieu du convoi, jamais derrière la locomotive ou à l'arrière. Le danger en cas de déraillement y était plus grand lorsque les wagons dévalaient par-delà les talus.

Il n'était pas rare que les trains restent immobilisés à l'approche d'une courbe où les rails, tordus comme par la main d'un géant, se dressaient vers le ciel. La Résistance était passée par là. On en parlait à mi-voix dans mon compartiment, avec une considération mêlée de crainte. Un homme déjà âgé, décoré de je ne sais quel ruban traduisant ses hauts faits au cours de la Première Guerre mondiale, nous interrompit: «Vous feriez mieux de vous taire. Si quelqu'un vous entendait ...» Tout le monde savait qui était le «quelqu'un»: un «collaborateur», un agent de la Gestapo, qui écoutait les conversations et se chargeait de livrer à la police, à la première gare venue, ceux qui avaient dit du mal du gouvernement de Vichy ou des autorités d'occupation, ou avaient fait l'éloge de la Résistance.

Le silence se fit dans le compartiment bondé. Des femmes et des enfants s'entassaient sur les genoux des hommes. Dans le couloir étroit, les corps se touchaient. Je m'y trouvais tellement serré que même en cas de déraillement je n'aurais pas bougé. [...]

Gerhard Leo, Un Allemand dans la Résistance – Le train pour Toulouse, Tirésias, Paris 1988, p. 21

dévaler descendre en grande vitesse
le talus *Bahndamm*
les rails *Gleise*
tordre déformer
le géant *Riese*
la crainte peur
le ruban ici: décoration de guerre
les hauts faits actions courageuses
l'éloge (m) la louange

Grâce aux sabotages organisés par la Résistance, le trafic de la SNCF chute de 37 % en avril 1944, ce qui gêne considérablement les mouvements de l'armée allemande (mars 1944, Saône-et-Loire).

le maquis lieu isolé de regroupement de la résistance armée. Au figuré, le groupe lui-même.

1.3 Les Maquis

au pied du mur *mit dem Rücken zur Wand*

Les représailles contre la population française augmentent dans la mesure où l'occupant se trouve dans une situation militaire plus difficile. En retraite sur le front de l'Est depuis la bataille décisive de Stalingrad en février 1943, leurs troupes doivent affronter, à l'Ouest, dès le 6 juin 1944, le débarquement des troupes alliées en Normandie. Au pied du mur, et déjà sûrs de leur défaite, les nazis redoublent les répressions. C'est après le débarquement en Normandie qu'ont eu lieu les massacres de Tulle et d'Oradour (voir p. 96).

Le deuxième front

mettre en échec mettre en situation désespérée

Mais ce ne sont pas seulement les alliés qui mettent l'occupant en échec. La Résistance intérieure française est, en cet été 1944, assez forte pour constituer une sorte de deuxième front qui libère, par ses propres forces, des villes importantes ainsi que la Corse et contrôle des régions entières. Comment en est-on arrivé là?

Il faut dire que la situation a évolué depuis le début de l'occupation en 1940. Pour comprendre l'origine d'un tel développement de la Résistance, nous allons devoir remonter quelques années en arrière.

Au début de l'occupation, l'attitude de beaucoup de Français reste plutôt réservée à l'égard de la Résistance. La propagande qui nomme les combattants de la Résistance «*terroristes*» ne reste pas alors sans effets. Mais dès 1943, les représailles impitoyables et arbitraires et la dureté de la vie, due à l'exploitation économique renforcée, provoquent un revirement dans la plus grande partie de la population, qui bientôt se solidarise avec les résistants.

Des mesures imposent un revirement dans l'opinion

S.T.O. Service du travail obligatoire (voir p. 56)

L'institution du S.T.O. en février 1943, qui pousse beaucoup de jeunes français à rejoindre la Résistance, a une grande part dans l'affaire.

Fritz Sauckel voir p. 56

En effet, malgré une importante propagande, l'enrôlement de main-d'œuvre française pour l'industrie en Allemagne en échange des prisonniers de guerre est un échec: 12000 travailleurs français seulement s'y inscrivent. Mais l'Allemagne a besoin d'ouvriers dans ses usines d'armement, car de plus en plus d'Allemands partent sur le front de l'Est. Le responsable Sauckel exige donc des mesures plus draconiennes. Depuis septembre

1942, de jeunes ouvriers peuvent être obligés à travailler en Allemagne et en février 1943, Vichy institue le S.T.O., une déportation massive de travailleurs en Allemagne.

Entre 1940 et 1944, plus de 700 000 travailleurs sont partis, d'autres travaillent pour l'Organisation Todt en France à la construction du Mur de l'Atlantique.

Mur de l'Atlantique
voir p. 107

Une seule issue: la clandestinité ...

Désormais les jeunes hommes doivent craindre d'être déportés du jour au lendemain. C'est ainsi qu'en 1943, un dilemme se pose aux jeunes français: se soumettre et partir ou bien refuser et résister. Pour échapper au travail forcé, beaucoup fuient donc à la campagne, et des groupes de maquisards s'implantent un peu partout en France, en particulier dans les régions montagneuses comme l'Auvergne et le Vercors.

La décision de rejoindre un maquis n'est pas toujours facile à prendre: passer à la clandestinité signifie tout d'abord perdre son logement et sa carte d'alimentation, mais elle met aussi en danger les autres membres de la famille qui risquent de servir d'otages.

... et son organisation

La presse clandestine et la radio de Londres mènent une campagne contre la déportation du travail et donnent des conseils aux réfractaires. Mais les appels ne suffisent pas. Les mouvements de Résistance déjà existants doivent aider les réfractaires à survivre et créent dans ce but des *«Services Maquis»*. Ces services s'occupent de la fabrication de faux papiers, du ravitaillement, de l'équipement et de l'encadrement de ces milliers de jeunes mal préparés aux difficultés multiples. La nécessité d'une conclusion rapide de la guerre devient de plus en plus urgente. Renforcée par ces milliers de maquisards prêts à combattre et encouragée par le recul des troupes nazies sur le plan international, la Résistance décide de passer à des opérations militaires plus offensives. C'est ainsi que les Maquis vont jouer un rôle considérable dans la libération de la France.

le, la réfractaire personne qui refuse de partir au travail obligatoire en Allemagne

l'encadrement (m) ici: instruction et formation

Appel au Maquis

1er Mars 1943

LIBÉRATION

ORGANE DES MOUVEMENTS DE RÉSISTANCE UNIS

Un seul chef : DE GAULLE ; une seule lutte : POUR NOS LIBERTES

Autres Organes des Mouvements de Résistance Unis

COMBAT ----- *FRANC-TIREUR*

La Jeunesse française répond : Merde

Sabotez la conscription des esclaves au service d'Hitler !

La relève n'ayant pas donné les résultats que les Allemands en attendaient, Hitler a exigé de Vichy des mesures plus draconiennes.

Il s'agit en fait de la déportation massive de notre jeunesse. Non contents de garder nos prisonniers et d'arracher nos ouvriers à leurs foyers, les Allemands nous demandent tous nos jeunes hommes, sans exception.

Il ne s'agit pas, comme le laisse entendre hypocritement le texte officiel «de répartir équitablement entre tous les Français les charges résultant des besoins de notre économie». Il s'agit de livrer de nouveaux bras à l'Allemagne. (...)

En échange de cette conscription d'esclaves au service d'Hitler, le Reich offre de libérer quelques prisonniers. L'atroce comédie de la relève continue, qui permettra au gouvernement de Vichy de présenter comme un acte de généreuse politique l'un des crimes qui lui sera le plus difficilement pardonné.

Contre ces nouvelles mesures la jeunesse française s'est déjà, en esprit, dressée toute entière.

L'exemple des ouvriers de France doit demeurer constamment présent devant ses yeux. Les ouvriers ont retardé de six mois, par leur résistance, l'application des mesures de réquisition. Jeunes de France, imitez leur exemple. Les mois que vous pourrez gagner comptent double aujourd'hui car l'Allemagne est pressée, car sa défaite est proche.

Manifestez contre le service obligatoire du travail.

Libération, Combat, Franc-Tireur mouvements de résistance (v. p. 72 et 91) – **la conscription** le recrutement – **répartir** partager – **équitable** juste – **atroce** terrible – **l'application** (f) la réalisation, la mise en œuvre

Comment devenir clandestin

Édité par
l'OFFICE DU TOURISME FRANÇAIS

Voulez-vous voyager dans de bonnes conditions ?

Ce qu'a fait la S.N.C.F.

MANUEL DU FAUSSAIRE 1943

Pour utiliser le matériel qui accompagne cette notice, il est indispensable de suivre à la lettre les instructions contenues dans le petit « Manuel du Faussaire 1943 ».

Les Français désireux de se soustraire au contrôle policier et à la déportation devront lire attentivement les textes très stricts qui sont énoncés dans ce Manuel. A cette condition, ils pourront faire un usage heureux et efficace des pièces d'identité que le C. A. D. met à leur disposition.

CARTE D'IDENTITE

I. — Nom et prénoms.

Conserver le prénom usuel — plus simple — et n'imposant l'intéressé à aucun impair. Y ajouter un ou deux autres prénoms, le prénom unique étant très rare en France.

L'initiale du nom de famille (pour le cas d'un objet quelconque chiffré).

Choisir, à partir de cette initiale, un nom de consonnance bien française, suffisamment courant pour ne pas attirer l'attention, sans être cependant d'une banalité excessive (tel que Durand ou Dupont, qui peuvent paraître d'un anonymat un peu trop voulu).

Ne jamais choisir comme patronyme un prénom comme Charles, Robert, etc...) qui fait immédiatement penser à une origine israélite. Eliminer de même les noms tels que David ou Simon qui, bien que ce soit inexact, sont considérés par les Allemands comme des patronymes israélites.

Ecrire ce nom en lettres plus grandes que le reste de la carte, mais pas en majuscules.

— 3 —

La couverture … … et l'intérieur

le manuel *Lehrbuch, Handbuch* – **le faussaire** celui qui fabrique de faux papiers – **à la lettre** très exactement – **se soustraire à** éviter, échapper à – **l'intéressé,e** celui qui est concerné – **l'impair** (m) maladresse, gaffe – **de consonance française** qui sonne français – **courant,e** usuel – **excessif,ve** trop grand, exagéré – **le patronyme** le nom de famille

Un avertissement du «Préfet du Maquis»

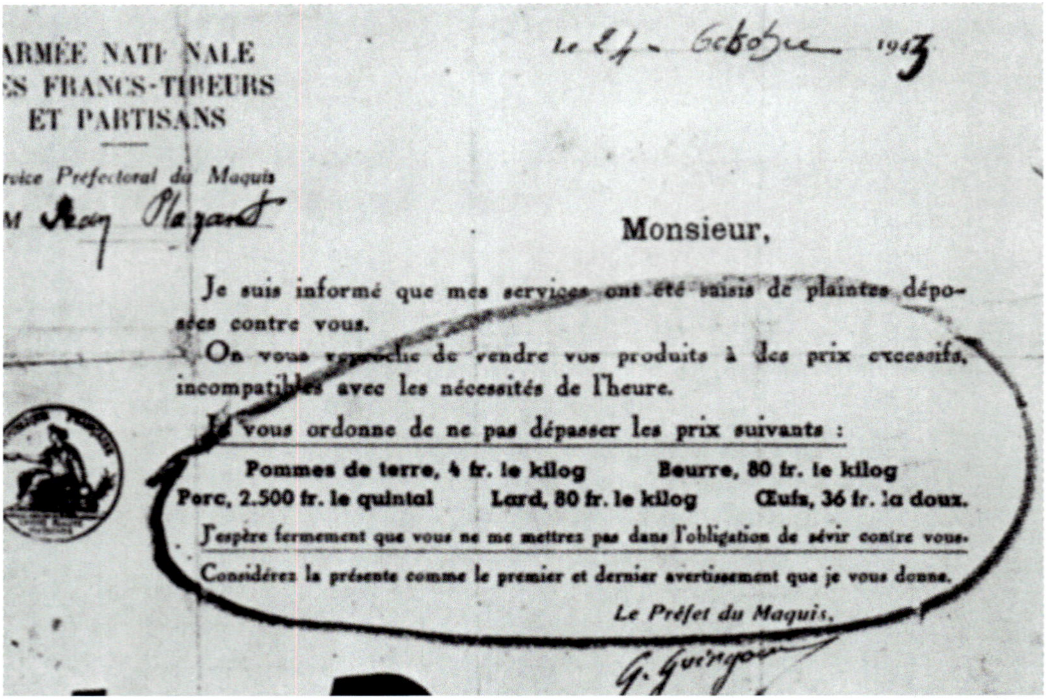

RMÉE NATI NALE
S FRANCS-TIREURS
ET PARTISANS

rvice Préfectoral du Maquis

Le 27 - Octobre 1943

Monsieur,

Je suis informé que mes services ont été saisis de plaintes déposées contre vous.

On vous reproche de vendre vos produits à des prix excessifs, incompatibles avec les nécessités de l'heure.

Je vous ordonne de ne pas dépasser les prix suivants :

Pommes de terre, 4 fr. le kilog — Beurre, 80 fr. le kilog
Porc, 2.500 fr. le quintal — Lard, 80 fr. le kilog — Œufs, 36 fr. la douz.

J'espère fermement que vous ne me mettrez pas dans l'obligation de sévir contre vous.

Considérez la présente comme le premier et dernier avertissement que je vous donne.

Le Préfet du Maquis.

Francs-Tireurs et Partisans voir p. 72 – **être saisi de** *mit etwas befasst sein* – **déposer une plainte** *Klage erheben* – **le quintal** (pl: -aux) cent kilos – **le lard** *Speck* – **sévir contre qn** punir qn – **la présente** ici: la présente lettre

1.4 La presse clandestine

Le premier réflexe de ceux qui se réunissent à deux ou trois pour s'organiser et entreprendre des actions de résistance est de «sortir» un tract. D'abord, on ne pense pas à dire un journal. C'est un tract, tout simplement. Et puis on fait des séries de tracts ... et la métamorphose s'accomplit. Mais je connais très peu de gens qui se soient dit, dès le début, je vais faire un journal. [...] Bientôt, des journaux paraissent un peu partout en France. C'est *Combat, Libération, Franc-Tireur, Le Père Duchesne, La Marseillaise,* c'est *l'Humanité,* c'est *Le Populaire*, c'est *La Voix du Nord*, c'est *Lorraine*, c'est *L'Avenir*, c'est *La vie ouvrière*, c'est *Résistance*, c'est *Défense de la France*, c'est *L'Université libre*, c'est *Le M.O.F.*, ce sont *Les lettres françaises, Les cahiers du Témoignage Chrétien, La France libre, La nouvelle République, etc.*

Pauvres petits journaux à l'origine! On n'a pas de papier, pas d'argent, pas de locaux. Il faut travailler dans des imprimeries où l'on risque, à chaque instant, d'être surpris. Pour les rédacteurs, comme pour les typos, il faut des prodiges d'ingéniosité. Tout de même, on arrive à «sortir». Et alors commence l'autre tâche, ce que l'argot de la Résistance appelle la «propa-diffu». Grâce à des transporteurs qui risquent leur vie ou leur liberté, les journaux clandestins s'en vont par les villes et par les villages les plus reculés, les hameaux. Là, portes closes, on les lit comme jamais journaux n'ont été lus en France. On a comme une joie sensuelle, tandis qu'au dehors la pétainerie s'étale sur les murs, hurle sur les tréteaux, à lire enfin en noir sur blanc: «Un traître, Pétain; un Français, de Gaulle». On savoure les messages de Churchill, de Staline, de Roosevelt. [...] On lit, les yeux humides et les poings serrés, la lettre suprême de Gabriel Péri, celle de Jacques Decour, les récits d'exécutions d'otages, de tortures infligées aux gaullistes, communistes, «terroristes», l'assassinat de Victor Basch. On se penche avidement sur les textes qui apportent les raisons d'espérer, qui analysent la situation militaire, qui réfutent les bobards hitlériens [...]. Et, peu à peu, sous l'appel du public, il y a une «presse de la Résistance» qui devient une grande presse touchant des millions de Français; elle finit par se fédérer, à Paris, sous le nez des Allemands, dans la «Fédération nationale de la Presse clandestine» qui tient régulièrement ses séances et prépare l'abolition de l'ignoble presse vichyste, la parution, au jour J, de la presse patriote.

Alain Guérin (éd.), La Résistance – Chronique illustrée 1930–1950 (Tome 5: Le combat total), Livre Club Diderot, Édition du Cinquantenaire, 1973, p. 346f.

le «typo» le typographe, personne qui tape les textes à imprimer
le prodige le miracle
l'ingéniosité (f) preuve de génie
la propa-diffu la diffusion de la propagande
reculé,e lointain, perdu
le hameau ensemble de maisons plus petit qu'un village
sensuel,le attaché aux plaisirs des sens
les tréteaux la scène publique

la lettre suprême la dernière lettre avant la mort

Gabriel Péri (1902–1941), homme politique communiste français fusillé le 15 décembre 1941 au Mont Valérien.

Jacques Decour, résistant français, romancier et poète, professeur d'allemand, fusillé le 30 mai 1942.

infliger faire subir

Victor Basch, résistant français, professeur à la Sorbonne et président de la Ligue des Droits de l'Homme, fusillé en 1944.

réfuter contredire
le bobard (fam.) fausse nouvelle
se fédérer s'unir dans une organisation

le jour J ici: le jour de la Libération; l'expression «le jour J» sert à marquer un jour d'une importance historique, le «J» étant la première lettre du mot «jour».

Une imprimerie clandestine

Durant l'été 1943, le mouvement «Défense de la France» cachait sous cette caisse, dans une usine travaillant pour les Allemands, sa machine à imprimer. La machine fonctionnait de jour, le bruit de l'usine couvrait ainsi le bruit de la machine.

Tract: Conseils à l'occupé

Tu ne sais pas leur langue, ou tu l'as oubliée. Si l'un d'eux t'adresse la parole en allemand, fais un signe d'impuissance, et, sans remords, poursuis ton chemin. Inutile d'envoyer tes amis acheter ces *Conseils* chez le libraire.
Sans doute n'en possèdes-tu qu'un exemplaire et tiens-tu à le conserver. Alors, fais-en des copies que tes amis copieront à leur tour.
Bonne occupation pour des occupés.

Tract rédigé en juillet 1940, paru en août 1940; cité par: J. Texcier, Écrit dans la nuit, La Nouvelle Édition, Paris 1945 (DP 6034, p. 46)

l'impuissance incapacité
sans remords *ohne Reue*
tenir à donner de l'importance à
l'occupation (f) ici: activité

1.5 La Résistance littéraire

Paul Eluard, Liberté (1942)

Sur mes cahiers d'écolier
Sur mon pupitre et les arbres
Sur le sable sur la neige
J'écris ton nom

Sur toutes les pages lues
Sur toutes les pages blanches
Pierre sang papier ou cendre
J'écris ton nom

Sur les images dorées
Sur les armes des guerriers
Sur la couronne des rois
J'écris ton nom

Sur la jungle et le désert
Sur les nids sur les genêts
Sur l'écho de mon enfance
J'écris ton nom

Sur les merveilles des nuits
Sur le pain blanc des journées
Sur les saisons fiancées
J'écris ton nom

Sur tous mes chiffons d'azur
Sur l'étang soleil moisi
Sur le lac lune vivante
J'écris ton nom

Sur les champs sur l'horizon
Sur les ailes des oiseaux
Et sur le moulin des ombres
J'écris ton nom

Sur chaque bouffée d'aurore
Sur la mer sur les bateaux
Sur la montagne démente
J'écris ton nom

Sur la mousse des nuages
Sur les sueurs de l'orage
Sur la pluie épaisse et fade
J'écris ton nom

Sur les formes scintillantes
Sur les cloches des couleurs
Sur la vérité physique
J'écris ton nom

Sur les sentiers éveillés
Sur les routes déployées
Sur les places qui débordent
J'écris ton nom

Sur la lampe qui s'allume
Sur la lampe qui s'éteint
Sur mes maisons réunies
J'écris ton nom

Sur le fruit coupé en deux
Du miroir et de ma chambre
Sur mon lit coquille vide
J'écris ton nom

Sur mon chien gourmand et
Sur ses oreilles dressées
Sur sa patte maladroite
J'écris ton nom

Sur le tremplin de ma porte
Sur les objets familiers
Sur le flot du feu béni
J'écris ton nom

Sur toute chair accordée
Sur le front de mes amis
Sur chaque main qui se tend
J'écris ton nom

Sur la vitre des surprises
Sur les lèvres attentives
Bien au-dessus du silence
J'écris ton nom

Sur mes refuges détruits
Sur mes phares écroulés
Sur les murs de mon ennui
J'écris ton nom

Sur l'absence sans désir
Sur la solitude nue
Sur les marches de la mort
J'écris ton nom

Sur la santé revenue
Sur le risque disparu
Sur l'espoir sans souvenir
J'écris ton nom

Et par le pouvoir d'un mot
Je recommence ma vie
Je suis né pour te connaître
Pour te nommer

Liberté.

Paul Eluard (1895–1952), poète surréaliste, résistant

le pupitre petite table servant à écrire
doré,e couleur d'or
le genêt *Ginster*
le chiffon vieux morceau d'étoffe
azur bleu
l'étange (m) bassin, lac
moisi,e *faulig*
dément,e fou
scintillant,e étincelant, brillant
le sentier chemin étroit
déployé,e étalé, largement ouvert
déborder dépasser les bords
la coquille *Muschelschale*
gourmand,e qui aime manger de bonnes choses
la patte le pied d'un animal
le tremplin *Sprungbrett*
bénir *segnen*
le phare tour de signalisation pour les navires
écroulé,e tombé en ruine
l'ennui (m) ici: grand souci
la marche *(Treppen-)Stufe*

L'histoire du poème *Liberté*

«J'ai écrit ce poème pendant l'été de 1941. En composant les premières strophes:

Sur mes cahiers d'écolier
Sur mon pupitre et les arbres
Sur le sable sur la neige
J'écris ton nom
… … … … … … …

Sur les images dorées
Sur les armes des guerriers
Sur la couronne des rois
J'écris ton nom …

Je pensais révéler pour conclure le nom de la femme que j'aimais, à qui ce poème était destiné. Mais je me suis vite aperçu que le seul mot que j'avais en tête était le mot *liberté.*

Et par le pouvoir d'un mot
Je recommence ma vie
Je suis né pour te connaître
Pour te nommer
Liberté.

Ainsi, la femme que j'aimais incarnait un désir plus grand qu'elle. Je la confondais avec mon aspiration la plus sublime. Et ce mot, liberté, n'était lui-même, dans tout mon poème, que pour éterniser une très simple volonté, très quotidienne, très appliquée, celle de se libérer de l'occupant …»

incarner représenter
confondre mêler
l'aspiration (f) desir, souhait
sublime élevé, noble
éterniser rendre éternel, faire durer

Extrait d'une conférence de Paul Eluard prononcée le 7 janvier 1952

Liberté, publié à Alger sous son titre original *Une seule pensée* dans *Fontaine,* n° 22, en juin 1942, paraît donc à Paris le 3 avril 1942 sous son titre définitif, grâce à Noël Arnaud.
A Londres, la revue officielle gaulliste *La France libre* (vol. IV, n° 23) reprendra *Liberté* quelques mois plus tard. Le poème sera parachuté en France en même temps que des containers d'armes.

parachuter lâcher d'un avion

D'après: Pierre Seghers, La Résistance et ses poètes, Editions Seghers, Paris 1974

Un témoignage de Max-Pol Fouchet

Max-Pol Fouchet (1913–1980), écrivain, journaliste et homme de télévison. Entre 1939 et 1945 éditeur de littérature de la Résistance à Alger.

Au début de 1942, une mission me fut confiée par les organisations de résistance, qui me permit de me rendre à Paris. L'entreprise ne laissait pas d'être hasardeuse, mais j'avais ainsi la possibilité de prendre contact avec les écrivains de la zone occupée. Je voulais surtout rencontrer Paul Eluard. Il ne représentait pour moi, à en juger par ses poèmes, une résistance non pas limitée à l'événement immédiat, dont pourtant il souffrait atrocement, mais consciente de l'avenir des hommes. Je me rendis chez lui.
Il me confia un texte intitulé *Une seule pensée*, aujourd'hui connu de tous sous le titre de *Liberté*. Déjà ce poème avait paru de façon quasi clandestine. Il fallait le rendre public. Je donnai à Paul l'assurance qu'il figurerait en tête de la revue, comme un éditorial. C'est une gageure folle, me dit-il, la censure s'y opposera, et vous aurez des «ennuis».
De retour à Alger, je fis composer le texte et soumis les épreuves au censeur de Vichy. Son collègue allemand se tenait à ses côtés, mais heureusement comprenait mal notre langue. Le Français commença de lire. Au bout de quelques quatrains, il me regarda, moqueur. «Je vois ce qu'il en est, c'est un poème d'amour ... Vous, poètes, vous répétez toujours la même chose! *Ce J'écris ton nom* qui termine les strophes, quelle répétition!» Je ne le détrompai pas. «Oui, monsieur, il s'agit d'un poème d'amour», répondis-je. Il haussa les épaules, apposa le cachet d'autorisation sur les épreuves, sans poursuivre sa lecture jusqu'au dernir mot, jusqu'à *Liberté*. Je sortis de son bureau, le cœur battant. Un miracle, un miracle, pensais-je. Ainsi *Liberté* d'Eluard put paraître non pas clandestinement, ce qui aurait réduit son audience, et non pas pour quelques-uns, mais pour tous. Je n'avais pas menti, d'ailleurs! C'était bien un poème d'amour.

Max-Pol Fouchet, La poésie et l'espérance, d'après la revue *Europe*, n°7/8, 1974

ne pas laisser d'être être certainement
hasardeux,se risqué
atroce affreux
l'éditorial (m) article d'introduction
c'est une gageure (fam.) *das ist gewagt!*
composer ici: taper à la machine
l'épreuve (f) *hier: Druckfahne*
le censeur fonctionnaire chargé de la censure
le quatrain strophe de 4 vers
moqueur,se qui se moque
ne pas détromper laisser dans son erreur
le cachet *Stempel, Siegel*

Censure de la presse

Paul Eluard, Avis (1943)

le poignet *Handgelenk*
écœurer rendre malade par le dégoût
gémir exprimer sa douleur

La nuit qui précéda sa mort
Fut la plus courte de sa vie
L'idée qu'il existait encore
Lui brûlait le sang aux poignets
Le poids de son corps l'écœurait
Sa force le faisait gémir
C'est tout au fond de cette horreur
Qu'il a commencé à sourire
Il n'avait pas UN camarade
Mais des millions et des millions
Pour le venger il le savait
Et le jour se leva pour lui.

Paul Eluard, Avis, extrait de *Au rendez-vous allemand*, © 1945, Les Éditions de Minuit S.A., Paris

BEKANNTMACHUNG

1. Der Kapitänleutnant **Henri Louis Honoré COMTE D'ESTIENNES D'ORVES**, französischer Staatsangehöriger, geb. am 5. Juni 1901 in Verrières,
2. der Handelsvertreter **Maurice Charles Émile BARLIER**, französischer Staatsangehöriger, geb. am 9. September 1905 in St. Dié,
3. der Kaufmann **Jan Louis-Guilleaume DOORNIK**, holländischer Staatsangehöriger, geb. am 26 Juni 1905 in Paris,

sind wegen Spionage zum Tode verurteilt und heute erschossen worden.

Paris, den 29. August 1941.

Der Militärbefehlshaber in Frankreich.

AVIS

1. Le lieutenant de vaisseau **Henri Louis Honoré COMTE D'ESTIENNES D'ORVES**, Français, né le 5 juin 1901 à Verrières,
2. l'agent commercial **Maurice Charles Émile BARLIER**, Français, né le 9 septembre 1905 à St-Dié,
3. le commerçant **Jan Louis-Guilleaume DOORNIK**, Hollandais, né le 26 juin 1905 à Paris,

ont été condamnés à mort à cause d'espionnage. Ils ont été fusillés aujourd'hui.

Paris, le 29 Août 1941.

Der Militärbefehlshaber in Frankreich.

Le Chant des Partisans

l'indicatif (m) introduction musicale

Ce texte est l'hymne de la Résistance. Créé à Londres en mai 1943 par la chanteuse Anna Marly dans sa langue russe maternelle, Joseph Kessel et Maurice Druon, deux résistants actifs, l'adaptent en français. Il devint l'indicatif des émissions clandestines de mobilisation à la BBC puis signe de reconnaissance dans les maquis.
Le Chant des Partisans fut interprété ultérieurement par de nombreux artistes qui en firent un succès mondial, comme Yves Montand et Jean Ferrat. Le manuscrit original a été classé monument historique par le Ministère de la Culture en décembre 2006.

Ami, entends-tu
Le vol noir des corbeaux
Sur nos plaines?

Ami, entends-tu
Les cris sourds du pays
Qu'on enchaîne?

Ohé partisans,
Ouvriers et paysans,
C'est l'alarme!

Ce soir l'ennemi
Connaîtra le prix du sang
Et des larmes

Montez de la mine,
Descendez des collines,
Camarades

Sortez de la paille
Les fusils la mitraille
Les grenades

Ohé les tueurs,
À la balle et au couteau,
Tuez vite!

Ohé saboteur,
Attention à ton fardeau:
Dynamite!

C'est nous qui brisons
Les barreaux des prisons,
Pour nos frères!

La haine à nos trousses,
Et la faim qui nous pousse,
La misère ...

Il y a des pays
Où les gens au creux des lits
Font des rêves

Ici, nous, vois-tu,
Nous on marche et nous on tue,
Nous on crève

Ici chacun sait
Ce qu'il veut, ce qu'il fait
Quand il passe ...

Ami, si tu tombes,
Un ami sort de l'ombre
A ta place

Demain du sang noir
Séchera au grand soleil
Sur les routes

Sifflez, compagnons,
Dans la nuit la liberté
Nous écoute ...

Pierre Séghers (éd.), La Résistance et ses poètes. France 1940–45, Editions Seghers, Paris 1974, pp. 475f.

le corbeau *Rabe, fig.: Denunziant*
enchaîner *in Ketten legen*
la colline *Hügel*
la balle *Kugel*
le fardeau *Gepäck*
le barreau *Gitterstab*
à nos trousses qui nous poursuit
le creux *Mulde*
crever (fam.) mourir
sécher devenir sec
siffler *pfeifen*

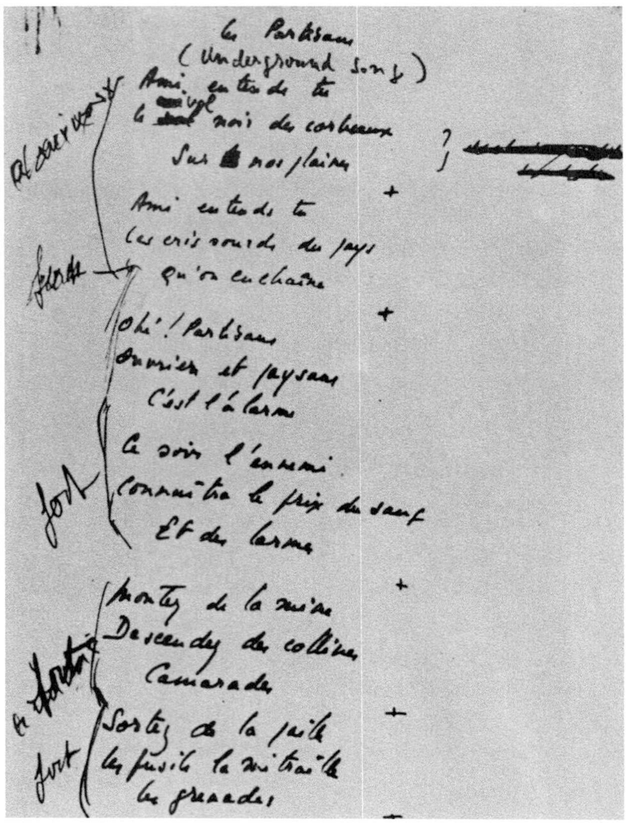
Le Partisan
(Underground song)
Ami entends tu
le vol noir des corbeaux
Sur nos plaines
Ami entends tu
les cris sourds du pays
qu'on enchaîne
Ohé! Partisans
Ouvriers et paysans
C'est l'alarme
Ce soir l'ennemi
Connaîtra le prix du sang
Et des larmes
Montez de la mine
Descendez des collines
Camarades
Sortez de la paille
les fusils la mitraille
les grenades

Chapitre 2: La répression

Cellule de la Gestapo à Clermont-Ferrant, photographiée en 1945

2.1 Le prix de l'action

En installant le gouvernement de Vichy, qui est prêt à collaborer, dans la zone non-occupée, Hitler accepte l'illusion d'une souveraineté nationale française. Une France calme, mettant sans protester son travail et ses richesses industrielles et naturelles au service de l'Allemagne, lui laisserait les mains libres sur d'autres fronts, surtout à l'Est.

Or, bien que le gouvernement de Vichy soit prêt à ce jeu, tous les Français ne le sont pas, et la résistance grandissante rend la vie difficile à l'occupant. Avoir poursuivi et emprisonné les adversaires politiques, en premier lieu les dirigeants du mouvement ouvrier dès le début de l'occupation, n'a pas apporté le calme attendu.

C'est alors que Keitel, commandant en chef des armées allemandes, signe le 16 septembre 1941 une ordonnance sur la répression des actes de résistance:

«Il faut sévir dès les premiers cas immédiatement pour affermir l'autorité des pouvoirs d'occupation et prévenir l'expansion du mouvement. Il faut avoir en vue que la vie humaine dans les pays intéressés n'a dans la majorité des cas aucune valeur et qu'un effet de terreur ne peut être obtenu qu'à l'aide des mesures exceptionnellement cruelles. En représailles de l'assassinat d'un soldat allemand, on doit considérer la peine de mort infligée à cinquante ou cent communistes comme adéquate. Le mode d'exécution doit encore accroître la force de cette action terrifiante.»

sévir punir durement

infliger la peine de mort punir de la peine de mort

Des victimes innocentes doivent ainsi payer de leur vie une action à laquelle elles n'ont pas participé. Les otages sont choisis au début des représailles parmi les communistes incarcérés en 1939 par le gouvernement français après l'interdiction de leur parti. Dès le début et durant toute l'occupation, les communistes seront, avec les Juifs, systématiquement réprimés par les nazis. Le nom de «Parti des Fusillés» donné au P.C.F. exprime un drame réel.

l'otage (m, f) *Geisel*

incarcérer emprisonner

Mais avec l'organisation généralisée de la Résistance sur le territoire, la répression s'abattra sur tous les opposants.

Les occupants ne se soucient d'ailleurs pas de savoir si leurs victimes, communistes ou non, sont vraiment coupables des actes dont on les accuse. C'est *«l'effet de terreur»* dont parle Keitel qui importe: il faut impressionner la population pour faire cesser la résistance. C'est dans ce seul but que les nazis mettent en scène des procès à grand spectacle. L'issue de ces procès est déterminée et connue d'avance. C'est pour provoquer un *«effet de terreur»* sur la population que des affiches innombrables citant les noms de condamnés à mort et leurs *«crimes»* sont collées sur les murs.

l'issue (f) résultat

En France comme ailleurs ont lieu des exécutions publiques destinées à intimider la population. On fait disparaître sans laisser de traces des résistants considérés comme particulièrement *«dangereux»*. Ce sont les actions *«Nacht und Nebel»*, dont les victimes doivent disparaître sans laisser de trace.

intimider faire peur à

La torture est pratiquée très largement pour faire parler les résistants arrêtés. Aucun d'eux ne pouvait être sûr de ne pas donner sous la torture les noms, les adresses et les rendez-vous, et certains préfèrent le suicide à l'interrogatoire. Mais tous n'en ont pas les moyens et nombreuses sont les victimes qui meurent sous la torture.

la torture souffrances physiques faites à qn pour le faire parler

l'interrogatoire (m) suite de questions pour obtenir des informations

Le document F-274 de la procédure du Tribunal militaire de Nuremberg intitulé *«Rapport officiel du gouvernement français sur les arrestations, massacres, tortures, déportations en Allemagne et extermination des citoyens français sous l'occupation allemande»* laisse apparaître clairement la part de responsabilité que porte la police de Vichy, sans l'aide de laquelle la persécution des résistants n'aurait pas été si efficace. Il constate une sévérité grandissante de la part des services français dans l'application des mesures répressives durant les quatre années d'occupation:

l'extermination (f) anéantissement, massacre

«Les arrestations ont été d'abord individuelles, opérées à toute heure du jour et de la nuit, en toute circonstance: arrestations de personnalités, d'ouvriers à l'usine, de professeurs à leur chaire, de femmes à leur foyer. Souvent, des membres de la famille ont été arrêtés en l'absence de la personne recherchée. Puis, elles ont pris le caractère d'opérations collectives […] Des communautés ou des villages entiers ont été arrêtés.»

la chaire *Lehrstuhl*

Le 10 juillet 1942, un avis publié sur l'initiative de Himmler précise que les proches parents d'un résistant recherché peuvent être soumis à sa place aux plus lourdes peines, allant jusqu'à la mort. On va enfin jusqu'à choisir au hasard un certain nombre d'otages parmi la population d'une ville pour venger les actions contre l'occupant, comme les 50 otages fusillés à Nantes en octobre 1941, et les 99 habitants de Tulle pendus en juin 1944. On estime que 30 000 otages fusillés, choisis parmi les membres de la famille ou au hasard, s'ajoutent aux dizaines de milliers de résistants qui ont payé de leur vie. Le massacre de toute la population

Oradour voir p. 96

arbitraire (m, f) injuste, despotique

fut le sort du village d'Oradour-sur-Glane, commis par une partie de la division SS «*Das Reich*», quelques jours avant la libération de la France.
Les différentes formes de représailles ont eu un effet contraire à leur intention, leur brutalité arbitraire a en réalité provoqué la solidarisation de la population avec la Résistance. La France et les familles des victimes en ont gardé un douloureux souvenir qui a longtemps marqué les relations entre nos deux peuples.

Une rafle à Saint-André-des-Arts

Photo prise clandestinement au métro Saint-Michel, place Saint-André-des-Arts en octobre 1943

la mercerie-bonneterie *Kurzwarenhandlung*

être en règle avoir des papiers valables

réfractaire personne qui refuse de partir au travail obligatoire en Allemagne

Service du Travail Obligatoire (S.T.O.) (voir p. 56)

Les rues sont désertes, le quartier est encerclé par la police. Sur la droite, une femme inquiète suit la scène derrière les volets de sa mercerie-bonneterie. S'agit-il d'une rafle organisée à la suite d'un attentat contre l'occupant ou d'une arrestation de résistants ou encore d'une manifestation d'étudiants? Rien ne permet de l'affirmer mais tout laisse entendre que ce n'est pas un banal contrôle d'identité.
Ces contrôles, très nombreux surtout à partir de l'année 1943, permettent d'arrêter ceux qui ne sont pas en règle, porteurs de fausses identités, Juifs, résistants et surtout jeunes réfractaires au Service du Travail Obligatoire. Tout le monde doit s'y soumettre, sous peine d'arrestation immédiate.

D'après: Documentation Photographique (DP) N° 6034, avril 1978: Paris sous l'occupation 1940–1944, p. 38; © La Documentation Française, Paris

Le procès contre «Combat»

En février 1942, une trahison permit l'arrestation de plusieurs résistants du mouvement «Combat». Tous, hommes et femmes, furent incarcérés à la Santé et à Fresnes et subirent de nombreux interrogatoires. Ils ne pouvaient nier leur activité car ils avaient été tous donnés. Trois mois plus tard, ils étaient transférés à la prison de Sarrebruck et désignés N.N. (*Nacht und Nebel*). Un seul ne partira pas pour l'Allemagne, René Parodi: il se pendra dans sa cellule le 17 avril. [...]

Dix-sept mois plus tard, le 12 octobre 1943, un grand procès s'ouvrit devant le *Volksgerichtshof*, cour chargée en temps normal de juger les crimes de haute trahison. Le tribunal, présidé par un magistrat de haut rang, était composé d'officiers de la *Wehrmacht*, de la *Luftwaffe*, de la *Hitlerjugend*. Un avocat avait été désigné d'office pour chacun des accusés, mais ils étaient tous proches de l'occupant. [...]

Le procureur lut l'acte d'accusation, impitoyable. [...] Après son réquisitoire et la plaidoirie des avocats, la parole fut donnée aux accusés. Leurs déclarations revêtirent une exceptionnelle grandeur. Tony Ricou se leva et dit:

– *Au moment où vous demandez ma tête, je tiens à vous dire que je n'ai aucune haine contre l'Allemagne. J'étais, avant la guerre, pour une entente, tout au moins économique, avec elle. Mais en ce moment mon pays est en guerre et je me devais d'avoir une autre attitude. N'est-ce pas votre grand Schiller qui a dit: «Avant la vie, il y a l'honneur»?*

André Noël, à son tour, prit la parole:

– *Je veux, moi aussi, vous dire que je ne nourris aucune haine à l'égard de votre pays, mais c'est bien encore l'un des vôtres, Fichte, qui disait à la jeunesse allemande lors de l'occupation napoléonienne: «Devant l'occupant, restez dignes, et résistez.» C'est simplement ce que nous avons fait.*

Les juges, embarrassés, se sont regardés [...]

Le tribunal prononça vingt-trois condamnations à mort: dix-sept hommes, six femmes. Les autres furent condamnés à de lourdes peines de prison. [...]

C'est le 7 janvier 1944, presque deux ans après leur arrestation, que les hommes furent conduits à Cologne et décapités à la hache.

Henri Frénay, La nuit finira, Éditions Robert Laffont, Paris 1973, pp. 164f.

Combat est un réseau de Résistance créé à Lyon en zone non occupée en 1940. Il est le plus important des réseaux de Résistance unifiés en 1943 au sein du Conseil national de la Résistance (CNR).

incarcérer emprisonner
la Santé, Fresnes prisons parisiennes
être donné,e être trahi
Nacht und Nebel expression inventée par Hitler pour désigner les prisonniers dont l'activité était jugée suffisamment dangereuse pour leur interdire tout contact avec le monde extérieur (voir p. 95)
l'avocat désigné d'office *Pflichtverteidiger*

le procureur *Staatsanwalt*
le réquisitoire accusation

décapiter tuer en coupant la tête

Missak, dit Michel, Manouchian, français d'origine arménienne, né en 1906 en Turquie. Militant communiste de l'organisation syndicale M.O.I. (Main d'œuvre immigrée) et commissaire FTP-MOI de la région parisienne. Fusillé en 1944 au Mont Valérien.

l'orphelin,e enfant qui a perdu père et mère ou l'un des deux

sans faute certainement

léguer laisser en héritage

faire valoir un droit utiliser, réaliser ce droit

la sérénité sentiment de paix et de calme

La dernière lettre de Michel Manouchian

Le 21 février 1944

Ma chère Méline,
Ma petite orpheline bien aimée,

Dans quelques heures je ne serai plus de ce monde. Nous allons être fusillés cet après-midi, à quinze heures. Cela m'arrive comme un accident dans ma vie; je n'y crois pas, mais pourtant je sais que je ne te verrai plus jamais. Que puis-je t'écrire? Tout est confus en moi et bien clair en même temps.
Je m'étais engagé dans l'armée de la libération en soldat volontaire et je meurs à deux doigts de la victoire et du but.
Bonheur à ceux qui vont nous survivre et goûter la douceur de la liberté, de la paix de demain! Je suis sûr que le peuple français et tous les combattants de la liberté sauront honorer notre mémoire dignement. Au moment de mourir, je proclame que je n'ai aucune haine contre le peuple allemand [...]
[...] Le peuple allemand et tous les autres peuples vivront en paix et en fraternité, après la guerre qui ne durera plus longtemps. Bonheur à tous.
J'ai un regret profond de ne t'avoir pas rendue heureuse. J'aurais bien voulu avoir un enfant de toi, comme tu le voulais toujours. Je te prie donc de te marier après la guerre, sans faute, d'avoir un enfant pour accomplir ma dernière volonté. Marie-toi avec quelqu'un qui puisse te rendre heureuse. Tous mes biens et toutes mes affaires, je te les lègue, à toi, à ta sœur et à mes neveux. Après la guerre, tu pourras faire valoir ton droit à la pension de guerre en tant que ma femme, car je meurs en soldat régulier de l'armée française de libération.
Avec l'aide des amis qui voudront bien m'honorer, tu feras éditer mes poèmes et mes écrits [...] Tu apporteras mes souvenirs si possible à mes parents en Arménie. Je mourrai tout à l'heure avec mes vingt-trois camarades, avec le courage et la sérénité d'un homme qui a la conscience bien tranquille. Aujourd'hui, il y a du soleil. C'est en regardant le soleil et la belle nature que j'ai tant aimée que je dirai adieu à la vie et à vous tous, ma bien chère femme, et mes bien chers amis [...]
Je t'embrasse bien fort, ainsi que ta sœur et tous les amis qui me connaissent de loin ou de près.
Je vous serre tous sur mon cœur. Adieu.
Ton ami, ton camarade, ton mari.

Michel Manouchian

Extrait de: Michel Manouchian, Lettres des fusillés, Éditions Sociales, Paris 1970

L'Affiche Rouge

Pendant la nuit après l'affichage, des mains inconnues avaient inscrit les mots «Morts pour la France» sur l'affiche et y avaient mis des bouquets de fleurs.

Louis Aragon (1897–1982), poète et romancier, membre du mouvement surréaliste

Louis Aragon, L'Affiche Rouge (1955)

réclamer demander, revendiquer
l'orgue (f) instrument de musique utilisé dans les églises
l'agonisant (m) qui est en train de mourir, moribond
éblouir rendre aveugle
hirsute couvert de poils, *struppig*

Vous n'avez réclamé la gloire ni les larmes
Ni l'orgue ni la prière aux agonisants
Onze ans déjà que cela passe vite onze ans
Vous vous étiez servis simplement de vos armes
La mort n'éblouit pas les yeux des Partisans

Vous aviez vos portraits sur les murs de nos villes
Noirs de barbe et de nuit hirsutes menaçants
L'affiche qui semblait une tache de sang
Parce qu'à prononcer vos noms sont difficiles
Y cherchait un effet de peur sur les passants

Français de préférence étrangers qui ont choisi la France
le couvre-feu interdiction de sortir après une heure fixée
errant,e ici: incertain, hésitant
morne triste
le givre *Raureif*

Nul ne semblait vous voir Français de préférence
Les gens allaient sans yeux pour vous le jour durant
Mais à l'heure du couvre-feu des doigts errants
Avaient écrit sous vos photos MORTS POUR LA FRANCE
Et les mornes matins en étaient différents

Tout avait la couleur uniforme du givre
À la fin février pour vos derniers moments
Et c'est alors que l'un de vous dit calmement
Bonheur à tous Bonheur à ceux qui vont survivre
Je meurs sans haine en moi pour le peuple allemand

Erivan capitale de l'Arménie

Adieu la peine et le plaisir Adieu les roses
Adieu la vie adieu la lumière et le vent
Marie-toi sois heureuse et pense à moi souvent
Toi qui vas demeurer dans la beauté des choses
Quand tout sera fini plus tard en Erivan

fendre se casser

Un grand soleil d'hiver éclaire la colline
Que la nature est belle et que le cœur me fend
La justice viendra sur nos pas triomphants
Ma Mélinée ô mon amour mon orpheline
Et je te dis de vivre et d'avoir un enfant

fleurir ici: cracher une fleur de feu
s'abattre tomber

Ils étaient vingt et trois quand les fusils fleurirent
Vingt et trois qui donnaient leur cœur avant le temps
Vingt et trois étrangers et nos frères pourtant
Vingt et trois amoureux de vivre à en mourir
Vingt et trois qui criaient la France en s'abattant.

Louis Aragon (1955), Strophes pour se souvenir (titre original), dans:
Le Roman inachevé, © Éditions GALLIMARD, Paris 2007, pp. 248/249

2.2 Nuit et brouillard

Le 7 décembre 1941, Hitler promulgue ce qui sera désigné ensuite comme le décret *NN* ou le *Nacht und Nebel Erlass*. La directive concerne les territoires occupés à l'Ouest de l'Europe. Dans ces pays, les personnes coupables de crime contre le Reich et son armée doivent être immédiatement punies de mort ou déportées. Celles qui auront évité la mort seront envoyées en Allemagne pour y disparaître, sans laisser de trace, «dans la nuit et le brouillard». Aucune information ne devait être donnée sur leur sort, à qui que ce soit. Le décret était destiné à propager la peur et à terroriser les résistants et leurs familles. En France, pour les générations d'après-guerre, les mots de «Nuit et Brouillard» ont été aussi associés au film du même nom d'Alain Resnais, sorti en 1956.

promulguer *erlassen*

propager répandre, provoquer

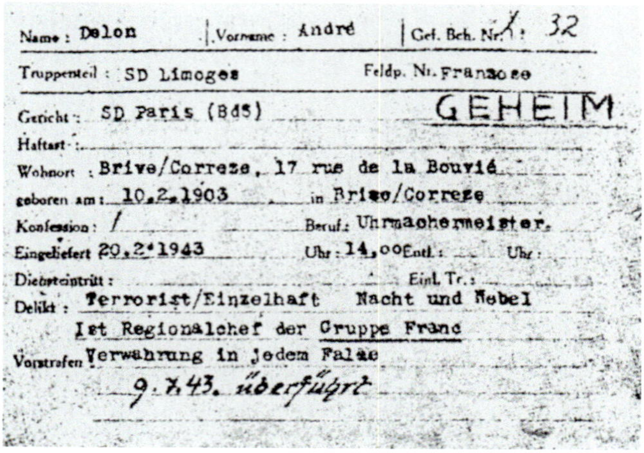
Name: Delon | Vorname: André | Gef. Bch. Nr.: 1 32
Truppenteil: SD Limoges Feldp. Nr. Franzose
Gericht: SD Paris (BdS) GEHEIM
Haftart:
Wohnort: Brive/Correze, 17 rue de la Bouvié
geboren am: 10.2.1903 in Brive/Correze
Konfession: / Beruf: Uhrmachermeister.
Eingeliefert 20.2.1943 Uhr: 14,00 Entl.: Uhr:
Dienstantritt: Einl. Tr.:
Delikt: Terrorist/Einzelhaft Nacht und Nebel
Ist Regionalchef der Gruppe Franc
Vorstrafen Verwahrung in jedem Falle
9.7.43. überführt

Formulaire d'arrestation «Nacht und Nebel», 1943

Jean Ferrat, Nuit et brouillard (1963)

Ils étaient vingt et cent, ils étaient des milliers
Nus et maigres, tremblants, dans ces wagons plombés
Qui déchiraient la nuit de leurs ongles battants
Ils étaient des milliers, ils étaient vingt et cent
Ils se croyaient des hommes, n'étaient plus que des nombres
Depuis longtemps leurs dés avaient été jetés
Dès que la main retombe il ne reste qu'une ombre
Ils ne devaient jamais plus revoir un été

La fuite monotone et sans hâte du temps
Survivre encore un jour, une heure, obstinément
Combien de tours de roues, d'arrêts et de départs
Qui n'en finissent pas de distiller l'espoir
Ils s'appelaient Jean-Pierre, Natacha ou Samuel
Certains priaient Jésus, Jéhovah ou Vichnou
D'autres ne priaient pas, mais qu'importe le ciel
Ils voulaient simplement ne plus vivre à genoux

le dé *Würfel*

la veine *Vene, Ader*

ne plus avoir cours n'être plus actuel

twister chanter sur un rythme de twist

Ils n'arrivèrent pas tous à la fin du voyage
Ceux qui sont revenus peuvent-ils être heureux
Ils essaient d'oublier, étonnés qu'à leur âge
Les veines de leurs bras soient devenues si bleues
Les Allemands guettaient du haut des miradors
La lune se taisait comme vous vous taisiez
En regardant au loin, en regardant dehors
Votre chair était tendre à leurs chiens policiers

On me dit à présent que ces mots n'ont plus cours
Qu'il vaut mieux ne chanter que des chansons d'amour
Que le sang sèche vite en entrant dans l'histoire
Et qu'il ne sert à rien de prendre une guitare
Mais qui donc est de taille à pouvoir m'arrêter?
L'ombre s'est faite humaine, aujourd'hui c'est l'été
Je twisterais les mots s'il fallait les twister
Pour qu'un jour les enfants sachent qui vous étiez

Vous étiez vingt et cent, vous étiez des milliers
Nus et maigres, tremblants, dans ces wagons plombés
Qui déchiriez la nuit de vos ongles battants
Vous étiez des milliers, vous étiez vingt et cent

2.3 Oradour-sur-Glane

hebdomadaire (f, m) pour la semaine

encercler *einkesseln*

prétendu,e soi-disant, supposé

l'entrepôt (m) *Lager*

la mitraillette *Maschinengewehr*

Samedi 10 juin 1944. C'est jour de marché à Oradour-sur-Glane, une petite ville près de Limoges dans le Sud de la France. Les paysans des environs y viennent chercher leur ration hebdomadaire de tabac. En début d'après-midi, 120 soldats de la division SS «Das Reich» encerclent brusquement Oradour et réunissent tous les habitants sur la place du marché. Peu d'entre eux réalisent le danger. Seuls quelques jeunes hommes se cachent car ils craignent le recrutement pour le STO. Une heure après, les soldats enferment femmes et enfants dans l'église. Les soldats interrogent en vain le maire au sujet d'un prétendu entrepôt d'armes du Maquis. Furieux, ils placent une charge d'explosif dans l'église. À 17 heures un coup de feu détonne et donne le signal d'une scènerie d'enfer: la charge explose dans l'église, les hommes tombent sous le feu des mitraillettes. Le bilan est de 642 morts. Oradour-sur-Glane n'a pas été reconstruite. Les ruines témoignent et depuis 1999 un mémorial.

Eglise d'Oradour-sur-Glane

> Le sac d'Oradour-sur-Glane et le massacre de ses habitants révoltent la conscience qui demeure saisie d'éprouvante. La langue française ne connaît pas de mots assez forts pour qualifier cet acte; mais celui qui s'y est livré a commis un crime, même contre sa patrie.
>
> Discours de M. Freund-Valade, Préfet régional de Limoges le 21 juin 1944

le sac ici: destruction

Ça s'est passé samedi 10 juin

Ma chère tante

Je ne sais si ma lettre te parviendra, mais si elle arrive jusqu'à toi, je viens te charger d'annoncer à ma sœur le grand malheur qui nous frappe, nous n'avons plus de fille, beau-père, belle-mère, oncles, tantes, cousins, cousines, nous n'avons plus personne de ceux qui étaient dans le bourg d'Oradour. C'est une chose affreuse, épouvantable. Nous qui l'avons vue de nos yeux, nous ne pouvons pas y croire, c'est inimaginable […] Le pays est tout brûlé de chez Girault jusqu'au Breyère et à Bellevue, il ne reste plus une maison. Femmes, enfants, hommes, tout y est passé. On a rassemblé les hommes en haut du champ de foire, on les a fusillés et brûlés après. Les femmes du bourg et tous les enfants qui étaient à l'école, on les a mis dans l'église, enfermés dedans et brûlés. Ça s'est passé samedi 10 juin, vers deux heures de l'après-midi. […]

De dimanche soir à midi il est passé ici des convois des troupes allemandes et impossible de bouger, du reste les voitures

parvenir arriver

charger de demander à qn de faire qc

le bourg petite ville

le champ de foire place du marché

la muraille mur

civiles n'ont plus le droit de circuler, on ne pouvait donc y aller qu'en bicyclette, ce qu'on a fait mercredi et là nous avons vu l'horrible chose, tout ce qu'on nous avait dit était au-dessous de la vérité, de tous ceux qui étaient à Oradour il ne reste plus rien que des murailles, plus de parents, plus de familles, plus d'amis, plus de maisons, plus rien. Nous n'avons plus à revenir là-bas, de tous ceux que nous aimions il ne reste rien, nous avons marché dans l'église sur les cendres des nôtres et c'est tout. Nous ne pouvons même pas aller pleurer et porter des fleurs sur leurs tombes.

Cité par: Yves Durand, La France dans la Deuxième guerre mondiale 1939–1945, © Armand Colin, 1993, p. 146

Chapitre 3: Des résistants allemands en France

En 1944 donc, la France a chassé l'occupant nazi; le 8 mai 1945, l'Allemagne même a dû signer sa capitulation. Les Alliés, et avec eux la France, ont remporté la victoire. Les Français ont donc gagné la guerre et les Allemands l'ont perdu. Est-ce si simple? Y-a-t-il vraiment eu les Allemands – tous les Allemands – d'un côté, et les Français – tous les Français – de l'autre? Pour juger de cette question, il serait intéressant de prendre en compte trois réalités de l'époque de l'occupation allemande en France que l'on a souvent tendance à oublier, des deux côtés du Rhin, il est vrai:

- Tous les Français n'étaient pas des résistants, un certain nombre d'entre eux a même collaboré activement avec Hitler.
- La Résistance ne s'opposait pas seulement à Hitler, mais aussi à Pétain, et elle savait faire la différence – pas toujours, il est vrai – entre les nazis et le peuple allemand.
- Tous les Allemands n'étaient pas non plus d'accord avec Hitler. Il y a eu une résistance en Allemagne même, peu connue il est vrai, mais il y a eu aussi des résistants allemands à l'interieur de la Résistance française.

C'est de ceux-ci qu'il est question dans ce chapitre.

Des émigrés politiques de la 1ère heure

Tout le monde connait les noms de Sophie et Hans Scholl et ceux des personnalités du 20 juillet 1944, mais une grande partie de la résistance contre Hitler en Allemagne est restée dans l'ombre. Les résistants allemands en France sont encore moins connus. Qui étaient-ils et quel a été leur rôle?

Parmi ceux qui avaient fui l'Allemagne à l'avènement d'Hitler en 1933 ou dans les mois qui suivirent, certains s'étaient engagés dans les Brigades Internationales en Espagne. Internés par la suite dans les camps français, quelques-uns s'en étaient échappés pour poursuivre leur lutte sur le sol français. La Résistance française soutenait ces antifascistes, notamment par la création, dès l'automne 1940, du réseau «Travail allemand», chargé de leur procurer le nécessaire pour la survie dans la clandestinité: logement, nourriture et faux papiers. Ces antifascistes allemands participèrent à toutes les activités de la Résistance française; toutefois la tâche particulière leur incombait de prendre contact avec leurs compatriotes de l'armée d'occupation.

l'avènement (m) la venue, l'arrivée au pouvoir

les Brigades Internationales voir p. 62

Résistants dans la Wehrmacht

Parmi les simples soldats et officiers, tous n'étaient pas convaincus de la cause hitlérienne et certains réalisaient dans quelle mesure cette politique les avait entraînés dans une aventure insensée et criminelle. C'est ainsi que se forma un groupe de résistants allemands à l'intérieur même de la Wehrmacht. Fin 1943, le mouvement des antifascistes allemands, dont de nombreuses femmes, était assez organisé pour constituer un «Comité Allemagne Libre pour l'Ouest» qui fut reconnu en 1944 comme partie intégrante de la Résistance française par le Conseil National de la Résistance. Des «Comités Allemagne Libre» se formèrent de la même manière dans d'autres pays européens occupés. Une de leurs activités était l'information des troupes en langue allemande ainsi que celle de la population civile en Allemagne, sous forme de journaux et de tracts, d'émissions de radio diffusées par une radio alliée ou même à l'aide d'appels lancés par hauts-parleurs à l'adresse des troupes. Si le nombre de ces participants allemands à la Résistance française ne représente qu'une minorité à l'intérieur de celle-ci, son existence a démontré que certains Allemands étaient prêts à se solidariser dans la lutte contre le fascisme et pour construire après la guerre une nouvelle Allemagne démocratique.

insensé,e déraisonnable, fou

> Des Comités «Allemagne Libre» existaient dans la plupart des pays occupés par l'Allemagne, ainsi en France: le **Comité Allemagne Libre pour l'Ouest (C.A.L.P.O.)**, fondé fin septembre 1943. Il a été reconnu en avril 1944 par le CNR comme organisation de la Résistance.

Tombes de deux partisanes allemandes

3.1 Le réseau «Travail allemand» à Toulouse

Quand sa famille juive assimilée quitte l'Allemagne en 1933 pour Paris, Gerhard Leo a dix ans. Son père ouvre une librairie allemande qui devient le rendez-vous des immigrés allemands à Paris. Après l'arrestation de son père, le jeune Gerhard passe en zone sud pour s'engager dans la Résistance.

Eugen, responsable du Travail allemand pour le Sud-ouest et ancien des Brigades Internationales évadé des camps, accueille le jeune résistant à son arrivée à Toulouse. Les deux hommes quittent la ville pour être seuls. Assis sur une hauteur dans le paysage, ils voient passer dans la vallée des camions de la Wehrmacht pleins de soldats qui chantent. Une discussion intéressante commence.

«Dans cette ville, ça grouille d'Allemands; on ne voit qu'eux, dis-je avec hostilité.
– Et avec nous, ça en fait deux de plus, dit Eugen.
– Tu ne nous compares quand même pas à ces types-là?
– Et pourquoi pas! Naturellement.»
Eugen dessinait avec un brin de bois des cercles et des carrés dans le sable.
«Si tu avais eu un autre père, dit-il, tu serais peut-être avec ces soldats en train de chanter.
– Ces beuglements …
– Tu chanterais, naturellement, beaucoup mieux. Mais les mêmes chants. Tu porterais le même uniforme. Peut-être ferais-tu partie de ceux qui ne se sentent pas bien dans leur peau et qui cherchent une quelconque issue. Peut-être pas …»
J'étais étonné de la sympathie qu'Eugen manifestait à l'égard des Allemands, qu'ils défilent ici en uniforme, ou chez eux, dans les usines.
«Il faut faire une différence entre les dirigeants nazis et beaucoup d'autres qui, très souvent, sont des victimes …»
Il me raconta les premiers contacts que les antifascistes avaient établis avec les soldats allemands en France, dans les casernes et les Kommandantur.
«Beaucoup de nos tracts sont remis à l'officier chargé de la sécurité, qui est souvent un agent de la Gestapo, mais d'autres circulent de main en main. Nous en avons récupéré un, complètement „usé", auprès d'un soldat en garnison à Paris. Ce tract avait été distribué trois mois auparavant à Marseille. Ce soldat n'avait jamais été à Marseille. Il l'avait reçu Dieu sait au bout de combien de transmissions …»

Gerhard Leo, Un Allemand dans la Résistance – Le train pour Toulouse, Tirésias, Paris 1988, p. 27

grouiller *wimmeln von*
le brin petit bout
le beuglement le cri du bœuf
l'issue (f) ici: solution
défiler marcher
remettre donner
récupérer retrouver

Carte de résistant de Gerhard Leo

3.2 Déserter ou résister dans la Wehrmacht?

le mot d'ordre *Parole*

prospère (m, f) sain, heureux

acquis,e à une idée gagné à, convaincu d'une idée

le brigandage pillage

la permission ici: congé accordé à un militaire

coupable responsable d'un crime

pressentir avoir l'intuition, savoir à l'avance

clandestin s'il en fut plus clandestin que tout autre travail imaginable

préfigurer préparer

Dans les premières années de la guerre, le mot d'ordre propagé dans la Wehrmacht stationnée en France par le réseau allemand de la Résistance n'était pas le passage chez les maquisards et les partisans français. Ce mot d'ordre n'était donné que pour le cas où des soldats allemands seraient affectés à une action directe dirigée contre les patriotes français. Plutôt que de leur recommander la désertion, il était plus utile de les gagner pour la diffusion de slogans subversifs au sein des troupes:
L'ennemi de l'Allemagne n'est pas la France mais Hitler; aussi faut-il libérer la France, cesser la guerre, renverser Hitler, édifier une Allemagne démocratique, pacifique et prospère.
Parallèlement, il fallait organiser, dans la mesure du possible, des actions à l'intérieur des unités et des services attachés aux troupes: faire circuler les idées et regrouper les camarades acquis à la cause.
Ces nouvelles idées parlaient un tout autre langage que celui de la propagande officielle:
La guerre faite par Hitler est une guerre illégale de brigandage, l'oppression subie par la population française est la même que celle qu'exerce le système sur votre propre peuple, les Résistants français doivent être considérés non pas comme des ennemis, mais comme des alliés dans la lutte contre un ennemi commun, le seul véritable: Hitler.
Il faut agir à l'intérieur des unités et des services, contrecarrer les directives de Hitler, entre autres par des actes de sabotage, maintenir le contact avec la famille et demander, le plus souvent possible, une permission, s'opposer au transfert sur le front de l'Est, refuser de se rendre coupable de représailles à l'égard du peuple français, prévenir à temps les Français menacés de représailles par les nazis. [...]
Certes, beaucoup de ceux qui s'engagèrent dans ce travail souterrain d'agitation dans les rangs de la Wehrmacht auraient préféré combattre l'arme à la main. Ils savaient qu'ils allaient, par leur combat obscur livré à l'ennemi hitlérien, apporter une contribution irremplaçable à la défense des valeurs authentiques de la nation allemande. Mais ils pressentaient aussi qu'à l'inverse de leurs frères français, leur situation était ambiguë et qu'il leur serait difficile de bénéficier de la reconnaissance d'une nation. D'autant plus grand fut le mérite des Allemands qui se sont voués, corps et âme, à ce travail clandestin s'il en fut. Ces militants et ces militantes entendaient préfigurer

l'Allemagne future. Une Allemagne démocratique et pacifique.

D'après: Florimond Bonte, Les antifascistes allemands dans la Résistance française, Éditions Sociales, Paris 1969, pp. 140f.

JETZT• IST ES GENUG!

KAMERADEN!

Bis jetzt hat Deutschland diesen Hitlerischen Krieg bezahlt mit
8 MILLIONEN 500 TAUSEND TOTEN
6 MILLIONEN 500 TAUSEND VERLETZTEN
Durch die unerträglichen Lebensbedingungen sind
21 MILLIONEN MENSCHEN ERKRANKT
Durch Luftbombardierung sind
13 MILLIONEN WOHNRAEUME ZERSTOERT

Dutzende Millionen Deutsche vegetieren obdachlos in den Städten. Nun steht der sechste Kriegswinter vor der Tür.

Ab 16. Oktober wird die
BROTRATION WOECHENTLICH UM 200 GR. GEKUERZT

Weitere Einschränkungen in der Fett- und Fleischverteilung sind vorgesehen. Die Zwangslieferungen aus den Ost- Südost- und Westgebieten fallen gänzlich aus. Die Flugzeugbasen der Alliierten sind in unmittelbare Nähe Deutschlands gerückt.

HUNGER, KAELTE UND OBDACHLOSIGKEIT
werden das Elend noch weiter vergrössern. Jeder Kriegstag wird die Todesopfer und Zerstörungen ins Uenermessliche steigern.

Alles dies um die Galgenfrist der Hitler- und Himmlerklique kurze Zeit zu verlängern. In ihrer feigen Angst vor der Abrechnüng treiben sie ganz Deutschland in den Abgrund.

KAMERADEN, OFFIZIERE UND SOLDATEN
bereitet diesem nationalen Verbrechen ein Ende.

Lasst euch nicht länger von der unverantwortlichen und undeutschen Naziklique missbrauchen.

STELLT SOFORT DIE KAMPFHANDLUNGEN EIN
Gebt Euch, als Anhänger der Bewegung „Freies Deutschland" gefangen.

MACHT SCHLUSS MIT DEM KRIEG
Damit die Not und das Leiden unseres Volkes ein Ende nimmt.

Komitee der Bewegung FREIES DEUTSCHLAND für den Westen.

3.3 La presse antifasciste allemande en France

Il faut évaluer à plusieurs millions le nombre de tracts et de journaux diffusés parmi les troupes stationnées en France ou acheminés en Allemagne hitlérienne. Selon les possibilités de confection à un moment et à un endroit donnés, les tirages allaient de 500 à 50000 exemplaires. Ce travail de «désagrégation morale de la Wehrmacht» fut réalisé tout d'abord dans

évaluer estimer, compter approximativement

acheminer transporter

le tirage quantités d'exemplaires tirés par numéro

la désagrégation morale *hier: Wehrkraftzersetzung*

la zone nord entièrement occupée par les nazis. Après l'occupation totale de la France en novembre 1942, il fut étendu à la zone sud.

L'organe principal en zone Nord était, dans les premières années, le *Soldat im Westen* dont le premier numéro parut le 23 juin 1941. Après l'occupation totale de la France, parut en outre, pour la zone Sud, le *Soldat am Mittelmeer*. Après la constitution du «Calpo» (Comité «Allemagne libre» pour l'Ouest) qui était un organisme du Comité national «Allemagne libre» à Moscou, ces deux journaux furent respectivement remplacés par *Volk und Vaterland* pour la zone Nord et par *Unser Vaterland* pour la zone Sud. [...] L'expédition de ce matériel était assurée, en grande partie, par les militants allemands camouflés en Français collaborateurs ayant des connaissances d'allemand et placés dans les services de la poste aux armées. Mais il arrivait aussi que des soldats allemands partant en congé acceptent de transporter, sous la doublure de leur uniforme, dans le ventre d'une poupée ou autrement, quelques journaux ou des tracts spécialement confectionnés.

le Calpo voir p. 99

le congé ici: vacances d'un militaire

la doublure *Futter eines Kleidungsstücks*

D'après: Florimond Bonte, Les antifascistes allemands dans la Résistance française, Éditions Sociales, Paris 1969, pp. 139f.

Wir klagen an

Die Schreckenstat von Ascq

Am ersten April 1944, abends elf Uhr hielt bei dem kleinen nordfranzösischen Dorfe Ascq ein SS-Truppentransport so rechtzeitig vor einer durch Aufreißen der Schienen gefährdeten Stelle, dass keine Entgleisung erfolgte und von den Zuginsassen niemand getötet oder verwundet wurde. Der den Transport kommandierende SS-Sturmbannführer jedoch gab den Befehl, alle männlichen Einwohner des Dorfes Ascq auf der Stelle zu erschießen. Daraufhin drangen SS-Leute in die Behausungen der Dorfbewohner ein. Bauern, Landarbeiter, Handwerker und kleine Geschäftsleute, die von dem Sabotageakt nicht einmal eine Ah-

Massenmord in Oradour-sur-Glane

Angehörige einer SS-Division drangen am 10. Juni in den Ort Oradour-sur-Glane (Haute-Vienne) ein. Die Ortsbewohner wurden auf dem Marktplatz zusammengetrieben. Die Männer wurden in Gruppen von je 20 erschossen. Die Frauen und Kinder wurden in der Kirche eingeschlossen, wo nach etwa einer Stunde eine Kiste mit Sprengstoffen explodierte, die von der SS aufgestellt worden war. Die Häuser des Ortes wurden in Brand gesteckt. Mehr als 700 Franzosen sind dem ruchlosen Wüten der SS zum Opfer gefallen. Die SS wollte Rache nehmen für Kriegshandlungen der französischen inneren Streitkräfte.

Ce journal est destiné aux soldats et ouvriers allemands. Diffu
le parmi eux par tous les moyens et avec la prudence

NUMMER 8. JULI 19

SOLDAT im WESTE

DIE ZWEITE FRONT KOMM

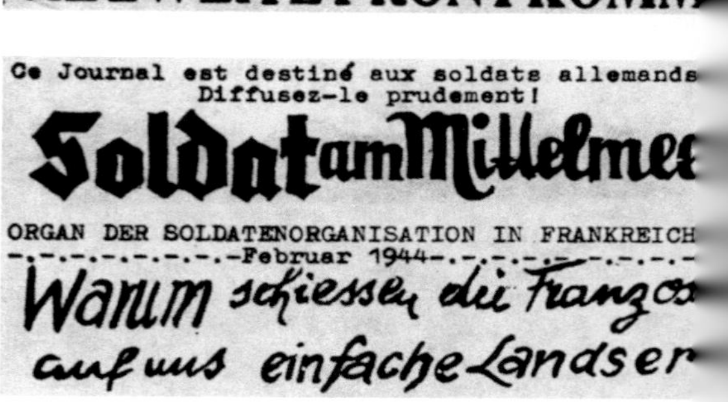

Ce Journal est destiné aux soldats allemands
Diffusez-le prudement!

Soldat am Mittelmee

ORGAN DER SOLDATENORGANISATION IN FRANKREICH

Februar 1944

Warum schiessen die Franzo
auf uns einfache Landser

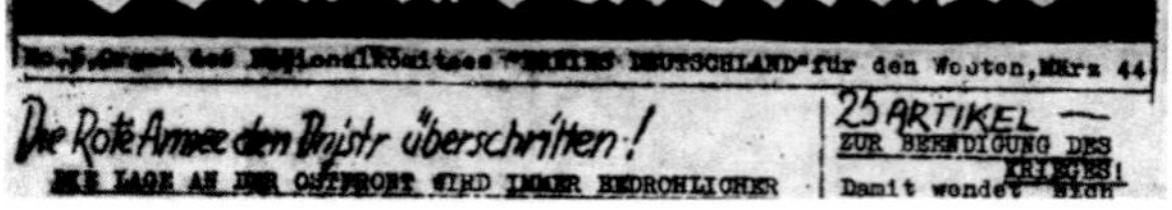

Ce journal est destiné aux soldats allemands! Diffusez-le prudement!

Volk u. Vaterland

"DEUTSCHLAND" für den Westen, März 44

Die Rote Armee den Dnjestr überschritten!

25 ARTIKEL — ZUR BEENDIGUNG DES KRIEGES!

Damit wendet sich

IV. Libération et enjeux

1. Le tournant de la guerre

La France de 1942 à 1944

En juin 1941, Hitler a déclaré la guerre à l'Union Soviétique, mais l'offensive allemand en Russie s'arrête en hiver 1942/43. En février 1943, l'armée allemande capitule à Stalingrad. Depuis, c'est la retraite sur le front de l'Est.
En novembre 1942, avec le débarquement des troupes américaines en Afrique du Nord, les Alliés ont ouvert un deuxième front. En réponse, les troupes allemandes envahissent la zone «libre». Les nazis, en accord avec Vichy, renforcent la répression dans le pays pour réprimer la Résistance. Mais en dépit de cette répression croissante, l'organisation de la Résistance française se renforce et les actions et attentats contre les occupants se multiplient au début de l'année 1944. Le Conseil national de la Résistance (CNR) fondé à Paris en été 1943 réunit les divers mouvements de Résistance intérieure.

L'été 1944

Le 6 juin 1944 les Alliés débarquent en Normandie. Charles de Gaulle demande alors aux «fils de la France où qu'ils soient, quels qu'ils soient» de «combattre par tous les moyens». Vichy en revanche demande aux Français de s'abstenir. Laval déclare:
«Les armées anglo-saxonnes s'efforcent d'aborder notre territoire. Elles font la tentative de débarquement si souvent annoncée. Nous ne sommes pas dans la guerre. Vous ne devez pas prendre part au combat.»
Les Français deviennent victimes d'une guerre à laquelle ils assistent en spectateurs parfois passifs et souvent impuissants.

Civils entre les fronts

De fait, les opérations militaires n'épargnent pas les civils. Pour préparer le terrain avant chaque offensive, les Alliés usent – et parfois abusent – des bombardements. L'Opération Overlord est ainsi précédée et accompagnée d'un déluge de bombes. Entre le 4 et le 10 juin 1944, 27000 tonnes de feu s'abattent sur la

la retraite *hier: Rückzug*
le débarquement action de débarquer; mil.: prendre pied sur les côtes ennemies

réprimer une action prendre des mesures contre une action

le CNR, Conseil National de la Résistance, fondé en avril 1943, regroupe les diverses formations actives représentées par leurs délégués des deux zones.

Pierre Laval voir p. 51
impuissants sans possibilité d'action
épargner ménager, éviter
abuser utiliser de façon exagérée
le déluge une pluie très forte

La bataille de Normandie est l'une des grandes batailles de la Seconde guerre mondiale en Europe. Elle commence par l'**Opération Overlord**, le débarquement des Alliés en Normandie le 6 juin 1944 (également appelé D-Day ou Jour J).

Normandie, détruisant les villes et semant la mort. Caen, détruit à 73 %, pleure 3000 victimes et la population normande déplore au total quelque 52000 morts. Mais les bombardements ne se limitent pas à l'Ouest. Entre le 6 et le 17 août, Toulon est bombardé systématiquement pour faciliter la progression de l'armée de la France libre venant de la Méditerranée.

Terreur et retraite

Aux drames que provoquent les opérations militaires s'ajoute la terreur que sème l'occupant. Bien décidé à ne pas tolérer l'existence des «bandes armées» qui entravent sa Marche, celui-ci détruit méthodiquement les Maquis qui barrent son chemin. Le 2 avril 1944, des SS, prenant prétexte d'un sabotage ayant immobilisé leur train, organisent une chasse à l'homme dans les rues d'Ascq, dans le Nord, causant la mort de 86 innocents. Ce massacre inaugure une longue série d'atrocités, les troupes recourant aux méthodes les plus barbares pour réduire les Maquis ou punir des civils jugés, à tort ou à raison, complices des «terroristes». Entre le 28 juillet et 3 août 1944, SS et chasseurs alpins bavarois exercent une répression sauvage contre le Maquis du Vercors. Achevant les maquisards blessés, ces reîtres n'hésitent pas à abattre 201 habitants du plateau, dont de nombreux femmes et enfants. Lors de sa remontée vers le front normand, la division *Das Reich* commandée par Heinz Lammerding viole, torture et assassine. Aux drames de Tulle et d'Oradour s'ajoutent des dizaines de bourgades martyrisées par ces bourreaux. La France entière subit cette terreur, de Montluçon (où 42 résistants et otages sont fusillés dans la carrière des Grises) à la Meuse (où 52 civils trouvent la mort dans le village de Robert-Espagne).
En résistant dans des «poches» durant de longs mois les Allemands enfin prolongent la peur de milliers de Français en les maintenant – inutilement – sous un régime l'occupation. La garnison de Lorient attend ainsi le 7 mai 45 pour déposer les armes, celle de La Rochelle se rend le 8 et l'amiral Frisius, à Dunkerque, n'arbore le drapeau blanc que le 9. Et si la capitulation de Royan intervient le 17 avril, elle a été précédée par un terrible bombardement qui, le 2, a causé la mort de plus de 1000 civils.

D'après: Jean-Pierre Azéma/Olivier Wieviorka, Vichy 1940–1944, Perrin, Paris 2000, pp. 305–307

entraver gêner, empêcher
barrer fermer
inaugurer être le début de
l'atrocité (f) action d'une cruauté extrême
recourir à utiliser
le chasseur alpin *Gebirgsjäger*
achever tuer un blessé
les reîtres *Todesschwadronen*
violer *vergewaltigen*
Oradour voir p. 96
les bourgades petites villes
le bourreau *Henker*
la carrière *Steinbruch*
la poche (mil.) *hier: Kessel*
maintenir garder
arborer *hissen*

Le vol des plans du Mur de l'Atlantique

Le quotidien Ouest-France fait paraître cet article en juin 1984 pour la commémoration du débarquement des Alliés le 6 juin 1944. L'anecdote est un exemple de coopération entre les deux Résistances intérieure et extérieure.
Dans la ville de Caen en Normandie, un petit groupe était actif dans la Résistance. En 1942, la Résistance extérieure lui demanda de Londres des informations au sujet du Mur de l'Atlantique en construction sur la côte. René Duchez, un membre du groupe, était peintre en bâtiment. L'organisation Todt veut faire tapisser ses bureaux dans la kommandantur de Caen.

[…] *«Un moment»*, dit le lieutenant. L'instant d'après, Duchez se trouvait devant le chef, le bauleiter Schnedderer. Comme il s'étonnait d'un prix aussi bas, Duchez répondit: *«Parce que j'aime bien les Allemands qui nous protègent des Bolchéviques». «Ah! Vous monsieur Duchez, bon Français!»*

Duchez obtient la commande. Avec cet alibi, il s'introduit dans les bureaux, trouve des plans du Mur de l'Atlantique et en cache un … Quelques jours plus tard, il commence son travail et, sans éveiller de soupçons, sort le plan que le chef du groupe emporte peu après clandestinement à Londres.

Le lendemain, Duchez est là de nouveau, avec cette fois des échantillons de papier peint qu'il présente à Schnedderer. Celui-ci les examine quand on frappe à la porte *«Herein!»*. Un soldat entre, qui présente une pile de plans au bauleiter. *«Posez cela ici»*, fait-il en montrant son bureau. Et aussitôt, il abandonne l'examen des papiers peints pour se plonger dans celui d'un plan qu'il déplie. Duchez est debout, en face, faussement intéressé par autre chose. Mais du coin de l'œil, il regarde et croit voir, en transparence, un bout de côte normande. […] Le bauleiter replie le plan, le place sur la pile, reprend l'examen des papiers peints quand on frappe de nouveau à la porte. C'est encore un soldat qui glisse quelques mots à Schnedderer puis s'en va. Aussitôt, l'Allemand commence à dicter une lettre à une dactylo dans une pièce voisine. Le bauleiter est debout dans l'ouverture de la porte, tournant le dos à Duchez resté seul dans le bureau, avec les plans à portée de main. Mais comment faire pour les prendre? Il fait un pas, puis deux, puis trois, feuillette la pile, découvre que ce sont tous les mêmes plans, prend celui du dessus, recule […] et glisse le plan derrière un miroir accroché au mur. Ni vu, ni

Fondée en 1938 par Fritz Todt, ministre allemand de l'armement, **l'organisation Todt** est chargée de la construction du **Mur de l'Atlantique**, un système important de fortifications côtières destiné à prévenir une invasion des Alliés.

le soupçon *Verdacht*

l'échantillon *Muster*
le papier peint *Tapete*

glisser *hier: flüstern*

le/la dactylo secrétaire

feuilleter *durchblättern*
reculer *rückwärts gehen*
glisser *hier: schieben*

prendre congé *sich verabschieden*

connu! Le bauleiter a maintenant fini de dicter. Il ne s'est pas retourné une seule fois et prend congé de Duchez en lui demandant de revenir lundi pour commencer le travail. [...]
Et c'est ainsi que le dernier jour, après avoir tapissé les deux pièces, [...] René Duchez sortit des bureaux de la Todt les plans du Mur de l'Atlantique placés entre deux rouleaux de papier peint. Le lendemain, il les remettait au chef de région qui les confiait au colonel Rémy qui les plaçait soigneusement au fond d'une boîte à biscuits avant de partir pour l'Angleterre, clandestinement de Pont-Aven, à bord du bateau de pèche «Les deux anges».

Les renseignements contenus étaient exceptionnellement importants: le plan indiquait en détail tous les postes de défense, les abris, les constructions contre les sous-marins, les postes sur les plages, les voies libres, les champs de mines. Les Alliés reconnaîtront plus tard que ce document a beaucoup facilité le débarquement en Normandie.

Ouest-France, 2–3 juin 1984

2. Paris se libère

harceler poursuivre

Les Brigades Internationales (voir p. 62)
Venues de plus de 50 pays différents, elles luttèrent aux côtés des Républicains durant la guerre d'Espagne de 1936 à 1939.

Henri Rol-Tanguy
(1908–2002), militant communiste et syndicaliste. En 1937 membre des Brigades Internationales. Responsable résistant de la région parisienne entre 1940 et 1944.

provoquer des remous inquiéter, agiter
conjuré,e conspirateur,se
la tactique de la terre brûlée consiste à ne laisser que des ruines derrière soi

Comme elles l'ont fait dans la zone Sud en harcelant les troupes de l'occupant en retraite pour les empêcher de rejoindre le front de Normandie, les forces de la Résistance ont joué un rôle essentiel dans la libération de Paris. Les troupes alliés ont contourné Paris par le Sud et par le Nord, et les résistants parisiens, dirigés par Rol-Tanguy, un acien des Brigades Internationales, allaient prendre en mains le sort de la capitale. [...] Cependant l'impatience montait dans la Résistance locale et gagnait une partie notable de la population parisienne. Des manifestations avaient eu lieu en divers quartiers et villes de banlieue le 14 juillet 1944. Le 20 juillet, l'attentat manqué contre Hitler avait provoqué des remous dans la garnison allemande. Le *Militärbefehlshaber* von Stülpnagel, comme tous les hauts responsables de la Wehrmacht, avait dû partir en Allemagne pour rendre des comptes et, compromis avec les conjurés, il avait été remplacé par le général von Choltitz, mais von Choltitz ne respecte pas l'ordre de détruire Paris et ses ponts pour permettre la retraite des troupes d'occupation. Hitler avait ordonné de livrer Paris à la tactique de la terre brûlée. [...]
Les chefs parisiens de la Résistance réunis dans le Comité parisien de Libération (CPL) et les événements locaux en décideront

autrement. En août, à la nouvelle de l'avance des troupes alliées, l'agitation populaire reprend. La CGT régionale clandestine lance un ordre de grève générale suivi par les cheminots de la région parisienne, les postiers et enfin les policiers; plusieurs mairies de banlieue sont occupées par des résistants. Les organisations armées de la Résistance, réunies depuis le printemps 1944 pour former l'armée des Forces Françaises de l'Intérieur (FFI) lancent un appel à l'insurrection, conjointement avec le Comité parisien de Libération et le CNR. La préfecture de police et plusieurs autres bâtiments publics passent aux mains des insurgés. Le CPL et le CNR appellent à poursuivre la lutte; des journaux résistants commencent à être diffusés au grand jour; des barricades s'élèvent et se multiplient partout le 21 août.

Cependant, un émissaire réussit à toucher en Normandie Eisenhower qui consent à détacher d'urgence vers Paris les 15 000 hommes et 500 chars de la division française du général Leclerc pour prêter main-forte aux insurgés. Ainsi, le vœu cher à l'armée de la France Libre de voir Paris libéré par des unités françaises sera exaucé. La capitale a été libérée en deux jours. Le 25 août, von Choltitz présente la reddition de ses troupes dans ses locaux de la gare Montparnasse. Le lendemain a lieu la marche historique des généraux Leclerc et de Gaulle de l'Arc de Triomphe à Notre-Dame de Paris dans une ville en liesse, tandis que ci-et-là éclatent encore des coups de feu isolés.

D'après: Yves Durand, La France dans la Deuxième guerre mondiale 1939–1945, © Armand Colin, 1993, p. 150

CGT Confédération générale du Travail, 1er syndicat fondé en France en 1895

le cheminot ouvrier des chemins de fer

l'insurrection (f) la révolte

CNR (voir p. 105)

l'insurgé,e qui participe à une insurrection

au grand jour ouvertement

Dwight David Eisenhower (1890–1969) commandant en chef des forces alliées en Europe. Président des États-Unis entre 1953 et 1961.

Philippe Leclerc de Hauteclocque chargé par de Gaulle à Londres de gagner les colonies africaines à la cause de la France Libre; sa division débarque le 1er août 44 en Normandie.

la reddition capitulation

en liesse en fête

Démontage de panneaux allemands dans Paris libéré (voir photo p. 29)

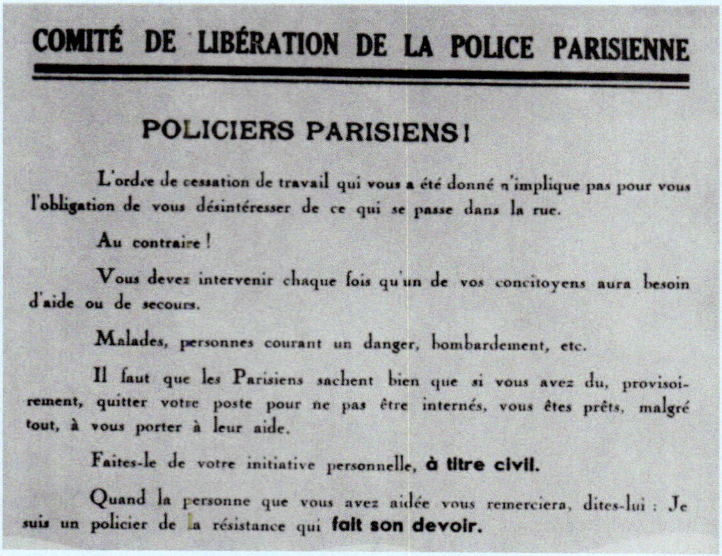

COMITÉ DE LIBÉRATION DE LA POLICE PARISIENNE

POLICIERS PARISIENS !

L'ordre de cessation de travail qui vous a été donné n'implique pas pour vous l'obligation de vous désintéresser de ce qui se passe dans la rue.

Au contraire !

Vous devez intervenir chaque fois qu'un de vos concitoyens aura besoin d'aide ou de secours.

Malades, personnes courant un danger, bombardement, etc.

Il faut que les Parisiens sachent bien que si vous avez du, provisoirement, quitter votre poste pour ne pas être internés, vous êtes prêts, malgré tout, à vous porter à leur aide.

Faites-le de votre initiative personnelle, **à titre civil.**

Quand la personne que vous avez aidée vous remerciera, dites-lui : Je suis un policier de la résistance qui **fait son devoir.**

Tract distribué par les commissariats parisiens pendant l'insurrection de la capitale

la cessation de travail grève – **à titre civil** *als Zivilperson*

«C'est terminé»

Quand les Alliés arrivent dans le village d'Île de France où il se cache avec ses parents, le jeune Juif Serge Doubrovsky vient de passer neuf mois sans pouvoir quitter sa cachette …

le D-Day ou **Jour J** voir p. 81
farouche *wild*
féroce *unbändig*
la DB division blindée; *Panzerdivision*
l'obus (m) bombe
fuser éclater
en déroute en fuite
désert,e vide
la cache, la planque cachette
terré,e caché,e
la liesse euphorie

Pour cet adolescent enfermé, aux nerfs à vif, le D-Day a été «la joie la plus farouche, la plus féroce» de sa vie. Quand la 2e DB avance sur Paris, il n'a qu'une seule idée en tête: sortir et aller à la rencontre de l'armée de libération. Mais si Paris a été libéré, la banlieue ne l'est pas complètement. Les obus fusent de tous côtés. Les soldats allemands en déroute résistent çà et là. Comment rester passif? Serge Doubrovsky réussit à convaincre ses parents de le laisser sortir. Une fois à l'air libre, il se dirige vers la gare déserte et remonte vers la mairie au cri de «les voilà!». Ce sont les Allemands […] qui font demi-tour et laissent la place aux soldats américains dans leurs Jeeps. La foule les acclame: ils offrent du chewing-gum et se laissent embrasser par les filles. […]
Les Juifs en ont fini avec les caches, les planques, les persécutions, les humiliations. Place à la liberté de marcher dans les rues. […] Neuf mois enfermé dans ma chambre. Terré, premier jour dans la rue. Dehors. Devant la mairie. Liesse. Ivresse. Me monte la tête. Soudain, plus prisonnier. Plus juif, je marche. Comme tout le monde. A l'air. Libre. […]

D'après: Dominique Missika, Le chagrin des innocents – itinéraires d'enfants juifs de 1930 à 1947, © Grasset et Fasquelle, 1998, p. 18

Bal de village à la libération

3. Le retour des survivants

Rendez-vous à l'hôtel Lutétia

Comment accueillir les déportés de retour en France? Face à la souffrance physique des survivants, il fallut improviser.
En 1945, seul le rapatriement des survivants de Buchenwald est rapide et efficace. Celui des autres camps dure pendant des mois. Mais l'arrivée des déportés en gare d'Orsay, lieu prévu pour recevoir tous les «absents»: prisonniers de guerre, requis du STO et déportés, paraît très vite être une mauvaise solution, en raison de l'état des survivants. A l'évidence, il leur faut un vaste centre d'accueil qui puisse servir d'hôtel ou d'hôpital. Ce sera le prestigieux hôtel Lutétia, siège de l'*Abwehr* (le service de renseignements de l'état-major allemand) pendant l'Occupation, et réquisitionné par le ministère de la Guerre après la libération de Paris.

le rapatriement *Rückführung*

Plaque commémorative, 1985

Nous ne possédons pas de chiffres sur le nombre de déportés qui passèrent par le Lutétia. Les 40 000 survivants des camps (en tout en France, 140 000 personnes dont 76 000 Juifs avaient été déportées; 400 000 dont 2 500 Juifs revinrent) n'y séjournèrent pas tous. Mais la plupart de ceux qui arrivèrent à Paris furent conduits directement à cet hôtel du boulevard Raspail.
Là, ils doivent affronter sur les trottoirs la foule de ceux qui attendent depuis des jours et des nuits le retour d'un être cher – le hall de l'hôtel est d'ailleurs tapissé de photos et de messages. Ils subissent un contrôle de police de leur état civil, des conditions de leur arrestation et leur internement dans les camps. Il s'agit d'identifier les éventuels espions ou les imposteurs, mais aussi de donner une carte de rapatrié à ceux qui n'ont aucun papier d'identité.

tapissé,e *beklebt*
subir être l'objet de
l'état civil (m) *Personalien*
l'imposteur (m) qui prétend faussement avoir été déporté

Parfois, le survivant ne reste au Lutétia que pour accomplir ces formalités, avant de rentrer chez lui. Si son état de santé est trop précaire, les médecins le font conduire, en ambulance, à l'hôpital de la Salpêtrière ou à Bichat. Les autres sont menés vers l'une des cinq ou six cents

Le hall de l'hôtel Lutétia en 1945

chambres que compte cet hôtel de luxe, le temps d'un repos ou, pour ceux qui n'ont plus de foyer, le temps de trouver un autre lieu d'accueil. [...]

D'après: Annette Wieviorka, dans: Les Collections de l'Histoire, N° 3, octobre 1998, Société d'Éditions scientifiques, Paris 1998, p. 88

prendre en charge *übernehmen*

le stalag *Stammlager für Kriegsgefangene*

Un convoi d'enfants rapatriés de Buchenwald

Conduits de Buchenwald jusqu'à Thionville par le S.H.A.E.P., un convoi d'environ 500 enfants déportés arrivera le 12 juin à Thionville, où il sera pris en charge.

Ce convoi comprend 199 enfants de 16 ans, 127 enfants de 15 ans, 19 enfants de 14 ans, 16 enfants de 13 ans, les autres étant âgés de 8 à 13 ans.

— Arrivées à Paris : Gare de l'Est, 692 prisonniers des stalags XVII A, XVII C, XVIII C ; Gare du Nord, 800 prisonniers des stalags III A, III B, III C, XI B, XIII A, 24 déportés de Dachau ; au Bourget, 293 prisonniers des stalags III A, III B.

RECHERCHES

— Rapatriés ayant connu Mme et M. Paul Kling, dép. de Drancy vers 30 juin 1940, sont priés d'écrire à : Intendant milit. Philippart, 2, rue des Carmes, Poitiers.

— Rapatriés ayant connu Mlle Rose Bernheim, 65 ans, déportée de Drancy le 7 mars 1944, vers Auschwitz, sont priés d'écrire à M. Georges Bernheim, 24, rue Juliette-Lamber, Paris (17e). Car. 08-97.

— Rapatriées Ravensbruck ayant connu Reine Muriot, nº 62 941, block 26, en traitement infirmerie 28-1-45, prière écrire à René Muriot, 2, rue des Bourguignons, Asnières.

— Dép. Auschwitz (mars 1944) : Arthur Weill, 68 ans, Jacq. Samuel, 65 ans, pharm. Wasselonne, Pierre Samuel, 18 ans (camp Golleschau). Ecr. J. des Graviers, 232, bd Saint-Germain.

Le Figaro, 5 juin 1945.

Les sans familles

Dans le cadre des retours, le repatriement des enfants internés occupe aussi les organismes d'accueil. Ce sont les «sans famille», survivants des camps de concentration.
Quand le géneral Patton arrive au camp de Buchenwald le 15 avril 1945, il découvre parmi les survivants un millier d'enfants et d'adolescents juifs, polonais ou hongrois pour la plupart. Ces enfants refusent de retourner dans leur pays d'origine, où leur famille a parfois été exterminée sous leurs yeux et où personne ne les attend. Sachant que la Palestine sous mandat britannique refuse les immigrants, les Américains se tournent vers les pays européens. Les autorités américaines s'offrent pour assurer le rapatriement par avion ou par train. L'Angleterre accepte d'en recevoir 270, la Suisse 250, la France 480.
Dans le château normand d'Écouis, l'OSE organise un centre d'accueil pour les adolescents qui ont trouvé asile en France. Le futur prix Nobel de la paix Elie Wiesel, âgé alors de 17 ans, fait partie des rescapés.
En été 1946, les visas arrivent enfin. Fin juin 1945, sur les 427 enfants arrivés à Écouis, il n'en reste que 274, compte tenu des départs en Palestine. Dispersés dans les maisons d'enfants, inscrits dans des centres d'apprentissage ou entreprenant des études, ces rescapés s'essaient à une nouvelle existence.

le survivant *Überlebender*

L'OSE, l'Œuvre de Secours aux Enfants, fondée en Russie au début du siècle pour la protection de la santé et de l'hygiène, a permis, pendant l'Occupation, le sauvetage de nombreux enfants juifs en les disséminant dans des familles non juives, grâce notamment aux organisations chrétiennes.

Elie Wiesel (1928), né en Roumanie, écrivain américain de langue française. Prix Nobel de la Paix en 1986. Déporté à 15 ans à Auschwitz et Buchenwald, il y perd plusieurs membres de sa famille.

le rescapé survivant
l'apprentissage (m) *Lehre*
entreprendre commencer

Arrivée des enfants rapatriés des camps par l'OSE, 1945

André Migdal, Lorsque tu es rentré ... (1975)

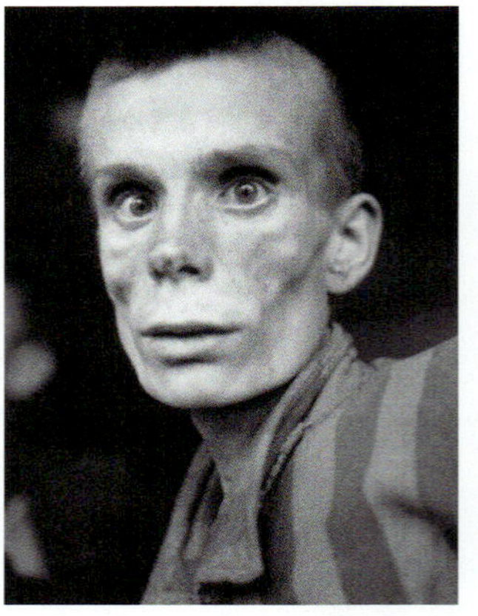

Lorsque tu es rentré
Tu n'as pas pu pleurer
Ton cœur était trop sec
et tes tourments trop vifs
Pourtant,
Tu n'étais plus captif.

Tes cheveux étaient ras
tes yeux si creux
percés jusqu'aux abîmes
et ton ventre douloureux
frémissant
à chaque goutte de sang.

Ton corps usé jusqu'à la corde
et tes pensées exacerbées
Tu étais tout cela lorsque tu es rentré.

Lorsque tu es rentré
les autres t'expliquaient
en de savants messages
ce qu'étaient tes combats
ce qu'étaient les carnages.

Et leurs péroraisons
aussi vides que leurs hommages
Lorsque tu es rentré
les promesses
les discours
les questions
les honneurs
à perdre la raison.

André Migdal, Poésies d'un autre monde, Editions Seghers, Paris 1975, p. 52

le tourment souffrance
captif,ve incarcéré, emprisonné
ras,e *kahl*
creux,se *hohl*
percer *durchbohren*
l'abîme (m) *Abgrund*
frémir trembler
usé,e jusqu'à la corde à bout de force
exacerbé,e très exagéré
le carnage la tuerie (*Gemetzel*)
la péroraison discours superficiel
perdre la raison devenir fou

4. L'heure des comptes

L'épuration

À la libération, parfois de véritables guerres civiles ont éclaté. En France, l'épuration revêt un caractère double. D'un côté, durant la phase des combats de la libération, entre juin et novembre 1944, se déploie une épuration dite «sauvage»: près de 9 000 personnes sont exécutées hors de toute instance formellement légale, de la manière la plus sommaire. Si les victimes sont essentiellement des miliciens et des collaborateurs actifs, on assiste aussi à de véritables scènes de lynchage: femmes tondues, suspects sortis de leur prison et abattus, familles entières exécutées. Dans un pays où l'autorité de l'Etat met du temps à se rétablir, ces débordements expriment une haine trop longtemps contenue.

sommaire simple, rapide

le débordement excès

L'épuration légale

Dans le cadre de l'épuration légale, 1 500 personnes sont effectivement exécutées. 45 000 personnes sont condamnées à des peines de prison. La plupart de ces sentences sont délivrées pour intelligence avec l'ennemi en temps de guerre. Par ailleurs, 50 000 personnes sont condamnées à la «dégradation nationale», pour avoir participé activement au gouvernement de Vichy et à la collaboration. [...] Enfin, sur la centaine de dignitaires de Vichy traînés en Haute-Cour, seuls trois ont été fusillés: Pierre Laval, Joseph Darnand, le chef de la Milice, et Fernand de Brinon, l'«ambassadeur» de Vichy auprès de l'occupant. Pétain voit sa peine de mort commuée en détention à vie. Il finira ses jours à l'île d'Yeu, suscitant chez une minorité de fidèles un culte post-mortem qui dure encore de nos jours.

L'épuration française a été plus étendue mais moins brutale que dans d'autres pays. Elle a été inégale, frappant souvent fort au début et s'abattant plutôt sur les sans-grades. Elle n'a pu éviter d'apparaître comme une justice politique.

Dans le contexte de l'époque, elle était perçue d'abord comme une nécessité morale, compte tenu du nombre des victimes tombées à cause de complicités françaises. Elle était de plus réclamée par une grande majorité de Français, jusqu'à ce que ceux-ci réalisent que les procès et les exécutions prolongeaient d'une certaine manière la guerre civile: en 1951–1953, après des débats houleux, la IVe République votera l'amnistie.

D'après: Henry Rousso, Les années noires – Vivre sous l'Occupation, Découvertes Gallimard Histoire, © Éditions GALLIMARD, Paris 2004, pp. 122–124

la sentence jugement de tribunal
pour intelligence pour coopération
la dégradation nationale perte des droits civiques

le dignitaire responsable politique
Pierre Laval voir p. 51
Joseph Darnand voir p. 52
commuer transformer

susciter provoquer
post-mortem après la mort

les sans-grades *ohne Dienstgrad*

voir p. 33, «Les malgré-nous»
prolonger *verlängern*

houleux,se tumultueux,se

Les «Tondues»

Après la Libération, la population exaspérée par les épreuves des années précédentes se retourne contre ceux qu'elle accuse de complicité avec l'occupant. Il ne s'agit plus maintenant de combat, ni de justice mais de vengeance.

Les femmes, les plus vulnérables, sont les premières victimes de ces actions expiatoires. Il s'agit du phénomène de la tonsure des

tondre raser la tête

exaspéré,e qui a perdu toute patience

la complicité le fait d'être complice
la vengeance *Rache*

expiatoire pour laver un péché
la tonsure l'acte de tondre

collaboration sentimentale le fait d'avoir fait l'amour avec l'ennemi
la croix gammée *Hakenkreuz*
nier *bestreiten*
indemne impuni
le bouc émissaire *Sündenbock*
perpétuer continuer, reprendre
l'oppresseur (m) *Unterdrücker*

femmes soupçonnées, quelquefois à tort, de collaboration sentimentale. 20 000 femmes ont été tondues, mais le nombre de celles qui ont eu des relations amoureuses avec des soldats allemands est en réalité beaucoup plus élevé. Les historiens estiment aujourd'hui que 200 000 enfants sont nés de ces liaisons, appelés les «enfants maudits». Les femmes étaient souvent marquées à la croix gammée, comme celle que nous voyons sur la photo. Les hommes à l'arrière-plan ont l'air très satisfaits de leur action. Bientôt, ils nieront y avoir participé.
Mais la haine aveugle touche quelquefois des innocents et laisse indemne les responsables. La société française dans sa totalité est plus largement compromise qu'elle ne se l'avoue alors. Elle choisit ses boucs émissaires à sacrifier pour se débarrasser de la faute et se renouveler. De nombreuses voix s'élèvent à l'époque pour refuser une justice qui perpétue les méthodes inhumaines des oppresseurs.

5. Un bilan

Normandie 1945

éphémère (m, f) de courte durée
s'imposer dominer
GMR Groupes mobiles de réserve, unités paramilitaires crées par René Bousquet, chef de la police de Vichy
l'épuration (f) *Säuberung*
STO Service du travail obligatoire; voir p. 56

Sur la durée de l'occupation, environ 87 000 personnes, en grande majorité des Français, ont été déportées ou internées en Allemagne, dont 40 % n'ont pas survécu. De même, environ 4 600 personnes ont été fusillées par les Allemands en France même, comme otages ou après des condamnations de tribunaux militaires: ils étaient pour la plupart communistes et/ou juifs, et beaucoup ont été arrêtés par la police française.
Environ 15 000 personnes, en majorité des résistants mais aussi des civils passifs, ont été tuées par les Allemands avec l'aide de la Milice et des GMR en 1944. Enfin, la politique antisémite de Vichy a contribué à causer la perte de près de 80 000 Juifs de France, pour l'essentiel étrangers: là encore, presque tous ont été arrêtés par les forces de l'ordre françaises. Il faudrait y ajouter les épurations, les persécutions politiques, sociales et économiques, la répression des mœurs, le STO. Sans doute est-il difficile de distinguer la part de Vichy de celle des occupants. Néanmoins, le régime a suffisamment proclamé sa loyauté envers le Reich et mené une collaboration effective pour être responsable d'une part importante du bilan global des victimes de la période.

D'après: Henri Rousso, Le Régime de Vichy, Coll. «Que-sais-je», © PUF, Paris 2007 n° 1720, p. 119

Normandie 1945

V. Mémoires conjuguées

Chapitre 1: Au passé

1.1 En France

On peut distinguer trois phases de mémoire depuis l'après-guerre en France: une première est celle de la confrontation directe avec les suites de l'occupation et des conflits franco-français entre 1944 et 1954, qualifiée par l'historien Henri Rousso de «crise aiguë». Puis, dans un second temps, ce sont les années du «refoulement» jusqu'en 1971. Un culte de la Résistance sous le signe de la réconciliation nationale, le «résistancialisme» y est dominant, représenté par Charles de Gaulle. Puis, en mai 1968, une nouvelle génération prend la parole et se prépare à briser les illusions. Durant cette troisième période, Vichy devient une «obsession» de la recherche historique, centrée maintenant sur la part de responsabilité française à la Shoah. Reprenons ces phases en détail.

le refoulement *Verdrängung*

briser *brechen*

la Shoah ou l'Holocauste voir p. 34

L'immédiat après-guerre

Les années 1944–45 ont vu le retour d'Allemagne des prisonniers, des déportés du travail et des survivants des camps de concentration. Dans le groupe des rapatriés, les résistants font l'objet de toutes les attentions et la spécificité des quelques survivants de la Shoah reste d'abord inaperçue. Les procès français d' épuration de l'après-guerre jugent surtout la trahison de l'intérêt national et l'intelligence avec l'ennemi. Les procès pour crime contre l'humanité ne sont pas encore à l'ordre du jour.

rapatrié,e *Heimkehrer*

la trahison *Verrat*

l'intelligence (f) ici: la collaboration

Le Résistancialisme

L'idée que de Gaulle comme Pétain avaient voulu défendre les intérêts de la France, l'un en voulant la libérer, l'autre en cherchant à «éviter le pire», est largement répandue dans l'opinion des années 1950–60. Les anciens pétainistes restent en conséquence politiquement actifs et fondent le culte du Maréchal.

éviter *vermeiden*

répandu,e courant, habituel

C'est l'époque des premières lois d'amnistie pour des responsables politiques du régime de Vichy, et aussi pour les malgré-nous alsaciens participants du massacre d'Oradour-sur-Glane. Les prémisses d'un rapprochement franco-allemand se dessinent qui mènent au Traité de l'Elysée entre Charles de Gaulle et Konrad Adenauer en 1963.
L'ensemble de la période est marquée par le «résistancialisme»: la Nation est réconciliée dans les valeurs de la Résistance, dont on donne l'impression qu'elle ait réuni la nation entière.

Les années dégrisantes

Les jeunes nés après-guerre deviennent à l'âge adulte la génération «printemps 1968» qui interroge les parents. Quelques slogans célèbre «CRS = SS», «Nous sommes tous des Juifs allemands», contre les menaces d'expulsion de Daniel Cohn-Bendit, lient leur présent à ce passé. Pour les historiens, la parution en France en 1971 du livre de l'Américain Robert O. Paxton, «La France de Vichy 1940–1944» fait l'effet d'une révolution, un «pavé dans la mare» française. Il apparaît alors plus clairement que la résistance active a été le fait d'une minorité, et que la collaboration et les attitudes d'attentisme ont également existé.
Le documentaire de Marcel Ophüls, *Le Chagrin et la pitié*, allant dans le même sens, paraît la même année, mais est victime durant 10 ans de la censure télévisée. Ce n'est qu'après la victoire de la gauche aux élections de 1981 que la télévision lèvera la censure.
Simultanément, avec la mode «rétro», les enfants de la Collaboration prennent la plume et la caméra pour relativiser leur héritage politique et la supériorité morale de l'action résistante. Cette attitude, exprimée par exemple par le film de Louis Malle *Lacombe Lucien,* provoque aussi bien les protestations du camp résistancialiste que celles des résistants authentiques et des survivants de la Shoah, dont les opinions sont soutenues par la projection en France en 1979 du feuilleton télévisé «Holocauste».
L'interminable affaire Touvier, ses protections par l'église catholique et la nouvelle de son amnistie en 1971 par le président Pompidou réveillent des conflits refoulés, renforcés encore par l'extradition de Bolivie de Klaus Barbie, le «boucher de Lyon», et son jugement. Si la participation de Vichy à la Shoah n'est plus, elle, mise en question, ce sont les condamnations après tant d'années qui font problème. Nous avons atteint entre-temps la troisième phase, celle de l'«obsession de Vichy». En même temps, les thèses négationnistes qui nient la Shoah font scandale, appuyées pourtant par certains au nom de la liberté scientifique.

les malgré-nous voir p. 33

Le 22 janvier 1963, le président Charles de Gaulle et le chancelier Konrad Adenauer signent à Paris **le traité d'amitié franco-allemande dit de l'Élysée.** L'Office franco-allemand pour la jeunesse (OFAG) ou Deutsch-Französisches Jugendwerk (DFJW) est fondé ainsi que des organismes d'échange, des jumelages de régions et des lycées franco-allemands.

Daniel Cohn-Bendit, né en France en 1945 de père allemand et mère française. Homme politique franco-allemand d'origine juive. Leader des manifestations étudiantes parisiennes en 1968. Député européen pour le parti écologique allemand.

Robert Paxton (né en 1932). Historien américain, spécialiste de la Seconde guerre mondiale.

un pavé dans la mare fig. un événement qui suscite un grand écho
l'héritage (m) *Erbe*

Shoah, Holocauste voir p. 34
le feuilleton télévisé *Fernsehserie*

Paul Touvier (1915–1996) Chef de la milice lyonnaise. Condamné à la prison à vie en 1994.

refoulé,e *verdrängt*

Klaus Barbie (1913–1991) Chef de la Gestapo de Lyon. Condamné en 1987 en France à la prison à vie.

réussi,e *gelungen*

Une carrière réussie!

affreux,se terrible
l'envahisseur (m) celui qui fait une invasion
la panneau *Schild*
se précipiter *sich stürzen*

l'interrogatoire (m) questions posées par la police, ici: tortures

le drapeau *Fahne*
Vercors un maquis célèbre (voir p. 75)

1939: Joyeusement et courageusement je m'en vais combattre l'affreux envahisseur allemand! (panneau: Belgique 100 km)

1940: Je me précipite pour aider le maréchal à reconstruire la France et lui prouver mon amour! (panneau: Vichy 100 km)

1942: J'aide le libérateur Allemand à combattre les terroristes juifs-communistes. (porte: Gestapo – Bureau des interrogatoires)

1944: Volontairement je pars combattre avec de vrais Français les bandes terroristes juives. (drapeau: milice – panneau: Vercors)

1945: La résistance ayant besoin de moi, je l'aide à débarrasser la France des ignobles collaborateurs. Et vive le Général!!! (porte: Résistance – Bureau des interrogatoires)

débarrasser libérer
ignoble (m, f) infâme

1947: Je suis élu maire de ma ville et décoré de la légion d'honneur pour «services rendus à la résistance» ... Une carrière réussie, quoi!

élire *wählen*
la légion d'honneur *Ehrenlegion*

Caricature de Christophe, dans: Le Vasistas n° 90/91, p. 38

1.2 En Allemagne

Le 8 mai 1945 est vécu par la population allemande avec soulagement, mais pas par tous comme une libération. L'idéologie nazie ne disparaît pas du jour au lendemain. La peur des représailles, le pays en ruine, la misère marquent l'après-guerre immédiat. Bien que les procès de Nuremberg soient reconnus comme justifiés, la dénazification généralisée est critiquée par la très grande majorité. On s'accorde sur la nécessité de condamner les crimes des hauts responsables nazis, mais l'accord est moins unanime pour reconnaître la responsabilité de chacun. Les nazis, c'étaient toujours les autres. Comme en France, ce sont des années de refoulement, qui permettent aux anciennes élites de retrouver leur place dans la société. Des responsables de crimes contre l'humanité passent à travers les mailles, certains se réfugient en Amérique du Sud, mais d'autres vivent tranquillement chez eux sans être inquiétés, comme Hans Lammerding, un des officiers SS responsables du massacre d'Oradour.
Suite à la division de l'Allemagne en 1949, et dans le contexte de la Guerre froide, les deux Etats allemands se proclament de différentes mémoires: l'Ouest dans la continuité de l'État allemand, l'Est comme héritier de la Résistance et de l'antifascisme. Mais entre les victimes du régime nazi et leurs bourreaux, il ne peut y avoir de convergence de vue. En RFA, l'interdiction du parti communiste en 1956 exclut de l'indemnisation les victimes membres de ce parti. Parallèlement, l'indemnisation des victimes ne se fait que très lentement et contre de fortes oppositions politiques. Une petite partie des étrangers est indemnisée par des contrats bilatéraux. En RDA, le discours officiel crée un antifascisme d'Etat, et l'on se fie à l'idée que la destruction des bases socio-économiques du nazisme suffit pour en abolir l'idéologie.

le soulagement *Erleichterung*
unanime (m, f) *einstimmig*
passer à travers les mailles *durch die Maschen schlüpfen*
Oradour-sur-Glane voir p. 96
le bourreau *Henker*
l'indemnisation (f) *Wiedergutmachung*
se fier faire confiance

la politique de détente *Entspannungspolitik*
assouplir rendre plus souple, moins rigide
prendre son essor débuter

> **Adolf Eichmann** (1906–1962), officier de la Waffen-SS, haut fonctionnaire nazi responsable de l'organisation logistique de la Solution finale. Condamné à mort à Jérusalem.

la querelle des historiens *Historikerstreit*

Les années 1960 sont celles de la contestation, en Allemagne comme en France. En même temps, la politique de détente permet d'assouplir les camps idéologiques. Une historiographie critique, jusque-là marginalisée, prend son essor et fait son entrée dans les universités et les écoles à partir des années 1970. Une prise de conscience du génocide des Juifs d'Europe est désormais inévitable, à commencer par le procès Eichmann à Jérusalem en 1961, et les procès allemands contre les responsables d'Auschwitz par la suite. Des débats thématisent la résistance allemande, dont seule celles des Scholl et du groupe autour de Stauffenberg sont reconnues à l'Ouest, tandis qu'à l'Est, on privilégie celle des communistes. En RFA, la tentative de mettre sur un même plan les crimes du stalinisme et du nazisme connaît un point culminant dans la «querelle des historiens» allemands du milieu des années 1980. A la même période, en 1985, le président ouest-allemand, von Weizsäcker, reconnaît officiellement le 8 mai comme symbole de la libération et non celui de la défaite et exprime ainsi la perspective des nouvelles générations en Europe, à l'Est comme à l'Ouest.

Plaques commémoratives

Chapitre 2: Au présent

2.1 En France

l'allusion (f) *Anspielung*
confondre *verwechseln*
groupe de résistance Front National voir p. 39
relancer redonner vie à

> **Guy Môquet** (1924–1941), jeune militant communiste

Aujourd'hui encore en France, les allusions politiques à Vichy sont très courantes dans les débats politiques. Le Front National, un parti d'extrême droite – à ne pas confondre avec le mouvement de Résistance du même nom! – met en avant des images patriotes comme Jeanne d'Arc, symbole catholique et anglophobe, déjà cultivé dans le cadre de la «Révolution nationale» de Pétain.

Les recherches historiques des trois décennies passées, qui mettent la lumière sur la politique de Vichy, relancent d'importantes manifestations de commémoration et des expositions au sujet des déportations, de la répression, de la Shoah, mais aussi, de la Résistance. Ainsi, à partir de la rentrée scolaire 2008, la lettre d'adieu de Guy Môquet est lue dans les écoles.

En même temps de nouveaux sujets sortent enfin de l'ombre, comme la réquisition forcée de 800 000 hommes pour le travail en Allemagne ou bien le témoignage des «enfants maudits» issus de relations avec l'ennemi durant l'occupation.

la réquisition *Requirierung*
maudit repoussé par la société

Le Monde, 11.12.1989

Le Monde, 24.03.1990

Ces deux caricatures montrent les craintes françaises devant la réunification des deux Allemagnes. En 1989, l'importance internationale de la réunification des deux Allemagnes a souvent été sous-estimée. En France, l'événement a été accueilli avec réserve, le rétablissement de la grande puissance n'allait-il pas réveiller de vieux fantômes?

La caricature du 11 décembre 1989 se réfère à la frontière entre l'Allemagne et la Pologne sur le cours des fleuves Oder et Neiße. Helmut Kohl reste discret sur ce thème peu populaire en Allemagne. Elle fait partie du traité de réunification en octobre 1990. L'Alsace-Lorraine est aussi une région frontalière, mais franco-allemande. Elle fut longtemps l'objet de conflits territoriaux, pour la dernière fois en 1940.

La citation de de Gaulle de la caricature datée du 24 mars 1990 est devenue en France un proverbe. Elle vient de l'appel du 18 juin 1940 (p. 68) qui encourageait les Français à ne pas résigner. La citation fictive du chancelier Helmut Kohl dresse le bilan économique et politique allemand positif de l'époque. La référence, cinquante ans plus tard, à la citation célèbre de Charles de Gaulle montre la vitalité du souvenir en France.

2.2 En Allemagne

En Allemagne également, ce passé ne passe pas, malgré les déclarations répétées de vouloir en finir, une fois pour toutes, avec la réflexion sur ces années noires. A la suite de la «querelle des historiens», les mémoires autobiographiques diverses, le débat sur la légitimité des bombardements des villes allemandes, la création de monuments nationaux ou à l'échelle locale, des expositions, des feuilletons télévisés ainsi que de nouvelles recherches historiques, relancent périodiquement le débat public.
La réunification allemande relance aussi le dossier des indemnisations pour travail forcé que la plupart des victimes avaient attendu, en vain, depuis la fin de la guerre. Une fondation est créée pour distribuer des fonds versés par l'État et, trop souvent à contre-cœur, par l'industrie allemande. Les prisonniers de guerre et les civils des pays de l'Ouest ainsi que les victimes du travail forcé dans leurs pays occupés sont exclus de l'indemnisation. En ce qui concerne les Français déportés du travail, les gouvernements allemand et français se renvoient la balle: pour l'un, l'occupant allemand était responsable, pour l'autre, le régime de Vichy.

le feuilleton télévisé *Fernsehserie*

relancer remettre en discussion
l'indemnisation (f) *Entschädigung*

à contre-cœur de mauvaise volonté, contraint

se renvoyer la balle tenir l'autre pour responsable

À votre tour

Carte de mémoire

L'histoire se fait en deux temps:
Par ceux qui la vivent et qui en sont les acteurs ou les victimes.
Et par ceux qui se souviennent et transmettent le souvenir, tirent aussi les leçons.
Dans ce livre, vous avez rencontré les premiers. Maintenant, à vous de faire l'histoire. C'est votre tour.

Pensez-vous que les jeunes Français et les jeunes Allemands de votre âge peuvent être du même avis à ce sujet?

Quels sont les aspects qui ont une signification pour vous?

Si vous pouviez interroger un personnage dont il a été question dans ce livre, quelle serait la question que vous poseriez à quel personnage?

VOTRE PHOTO

Quels sont les aspects qui, d'après vous, méritent l'intérêt de la recherche historique?

Dans nos deux pays vivent de nombreux jeunes issus de la migration. Cette histoire les concerne-t-elle?

Sources des illustrations

pp. 6/7: Bremer Nachrichten v. 10. März 2007; **p. 13 et p. 17:** photos privées; **p. 23:** Verlagsarchiv Schöningh; **p. 24:** DR; **p. 28:** de: Tomi Ungerer, Die Gedanken sind frei, Copyright © 1993 Diogenes Verlag AG Zürich; **p. 29 en haut:** akg-images; **p. 29 en bas:** Coll. Safara. Cabinet des Estampes, © Bibl. Nat. Paris; **p. 30:** entnommen aus: Vis-à-vis: Deutschland und Frankreich, Begleitbuch zur Ausstellung im Haus der Geschichte der Bundesrepublik Deutschland, Bonn, 4.6. bis 20.9.1998, © 1998 Stiftung Haus der Geschichte der Bundesrepublik Deutschland, Bonn und © DuMont Buchverlag Köln 1998, S. 75; **p. 31:** © Roger Schall; **p. 32:** © Archives Municipales de Strasbourg; **p. 34:** ullstein-bild/ Roger Viollet; **p. 36 en haut:** Laurent Gervereau et Denis Peschanski (éd.), La propagande sous Vichy, 1940–1944; Édition Bibliothèque de Documentation Internationale Contemporaine (BDIC), Nanterre 1990, p. 99; **p. 36 en bas:** Alain Guérin, La Résistance – Chronique illustrée 1930–1950, Livre Club Diderot, Édition du Cinquantenaire, 1973; **p. 37:** Documentation Tallandier; **p. 38:** Archives Éditions Jules Tallandier; **p. 40:** AFP/Getty Images; **p. 41:** Collection Roger-Viollet, et Fonds France-Soir/BHVP; **p. 44 à gauche:** entnommen aus: Vis-à-vis: Deutschland und Frankreich, Begleitbuch zur Ausstellung im Haus der Geschichte der Bundesrepublik Deutschland, Bonn, 4.6. bis 20.9.1998, © 1998 Stiftung Haus der Geschichte der Bundesrepublik Deutschland, Bonn und © DuMont Buchverlag Köln 1998, S. 50 (Foto: Th. Matejko); **p. 44 à droite:** Documentation F.N.D.I.R.P.; **p. 45:** Institut National de Recherche Pédagogique; **p. 47:** Gérard Oriol/Tallandier; **p. 48:** Coll. Safara. Cabinet des Estampes, © Bibl. Nat. Paris; **p. 50:** privé; **p. 51:** Édimédia; **p. 52:** BDIC/Tallandier; **p. 53:** Archives Éditions Jules Tallandier, photos A. Zucca; **p. 55 à gauche:** Laurent Gervereau et Denis Peschanski (éd.), La propagande sous Vichy, 1940–1944; Édition Bibliothèque de Documentation Internationale Contemporaine (BDIC), Nanterre 1990, p. 98; **p. 55 à droite:** Musée historique de la Ville de Strasbourg; **pp. 57–59:** Sammlung IHTP; **pp. 60/61:** © 1988 La Documentation francaise, Paris; **p. 64:** Quelle: Peter Gaida/Verlagsarchiv Schöningh; **p. 65:** akg-images; **p. 66:** Serge Klarsfeld, Le Mémorial de la déportation des juifs de France, édité et publié par Beate et Serge Klarsfeld, Paris 1978, o. S.; **p. 71:** Alain Guérin, La Résistance – Chronique illustrée 1930–1950, Livre Club Diderot, Édition du Cinquantenaire, 1973; **p. 74:** Alain Guérin, La Résistance – Chronique illustrée 1930–1950 (Tome 5: Le combat total), Livre Club Diderot, Édition du Cinquantenaire, 1973, p. 334; **p. 75:** Archives Tallandier; **p. 78:** Alain Guérin, La Résistance – Chronique illustrée 1930–1950, Livre Club Diderot, Édition du Cinquantenaire, 1973; **p. 79:** Alain Guérin, La Résistance – Chronique illustrée 1930–1950 (Tome 5: Le combat total), Livre Club Diderot, Édition du Cinquantenaire, 1973, p. 270; **p. 80:** Alain Guérin, La Résistance – Chronique illustrée 1930–1950, Livre Club Diderot, Édition du Cinquantenaire, 1973; **p. 82:** © Ph. Viannay; **p. 85:** photo d'origine inconnue; Archives de la Documentation Française, Paris; **p. 86:** Pierre Seghers, La Résistance et ses poètes (France 1940/1945), Editions Seghers, Paris 1974 (o.S.); **p. 87:** Alain Guérin, La Résistance – Chronique illustrée 1930–1950 (Tome 3: Du côté des bourreaux), Livre Club Diderot, Édition du Cinquantenaire, 1973, p. 2; **p. 88:** Archives A. N.A.C.R.; **p. 90:** © Seeberger; **p. 93:** Jean-Pierre Azéma et François Bédarida, La France des années noires, Tome 2 (De l'Occupation à la Libération), © Éditions du Seuil, Paris 1993, p. 361; **p. 95:** H. Calet, Les murs de Fresnes, Editions Quatre Vents, Paris 1975; **p. 97:** photo: Martin Graf, Volkertshausen; **p. 100:** D. Schaul, Résistance: Erinnerungen deutscher

Antifaschisten, Dietz Verlag, Berlin/DDR; **p. 101 et p. 103:** DRAFD Verband Deutscher in der Résistance, in den Streitkräften der Antihitlerkoalition und der Bewegung «Freies Deutschland» e.V.; **p. 104:** Florimond Bonte, Les antifascistes allemands dans la Résistance française, Editions sociales, Paris 1969; **p. 106:** National Archives USA; **p. 109 à droite:** Alain Guérin, La Résistance – Chronique illustrée 1930–1950 (Tome 5: Le combat total), Livre Club Diderot, Édition du Cinquantenaire, 1973, p. 204; **p. 110:** photo: Roger-Viollet; **p. 111 en haut:** Bories-Sawala; **p. 111 en bas:** © AFP; **p. 113:** Les Collections de l'Histoire, N° 179, juillet-août 1994, Société d'Éditions scientifiques, Paris, p. 73 (Archive Photo); **p. 114:** © AFP-Eric Schwab; **p. 116 en haut:** Collection musée Résistance nationale; **p. 116 en bas:** © Archives D.-F.; **p. 117:** National Archives USA; **p. 122:** Bories-Sawala; **p. 123 à gauche:** Pancho, Le Monde, 11 décembre 1989; **p. 123 à droite:** TIM, Le Monde, 24 mars 1990

Nous avons fait tout ce qui était en notre pouvoir pour contacter les auteurs des textes, illustrations et photos contenus dans ce livre. Au cas où un oubli aurait été commis, nous prions les auteurs concernés de nous le faire savoir pour pouvoir effectuer les corrections nécessaires.